1949

Ein guter Jahrgang

Gründungsfieb

und dazwische

wir • Bildung au

partflamme – u

es geht doch • S

udentenrevolte

Flower-Power –

waren 's wirklic

n wir? • Von de

Kirche im Dorf

im Dialog der F

ligionen • Klas

sche und nicht-

lassische Karri

Norbert Weidinger

1949
Ein guter Jahrgang

Weltbild

Inhalt

Historisches
Seite 5

Meine Geschichte
Seite 33

Meine Güte! Meine Zeit! Mein Vorwort!

1949 ist nicht nur ein guter, sondern ein ganz besonders guter Jahrgang; denn 1949 ist nicht nur das Gründungsjahr der beiden deutschen Staaten, sondern auch Ihr Geburtsjahr.

Die 49er sind also genauso alt wie die BRD. An ihnen lässt sich ablesen, was es bedeutet, 60 Jahre alt zu sein: am grauen Haar und an der Lebensweisheit, die aus Mund, Augenwinkeln und Lachfalten blitzt. Ich denke, vor dem Spiegel sind 49er der Wahrheit näher als vor dem Berliner Reichstagsgebäude. Das wurde nämlich mit einer neuen Dachkonstruktion »geliftet«. Mein Gesicht ist noch echt!

Ich selbst bin zwar schon 1948 auf die Welt gekommen, aber was ändert das schon? Ein Jährchen Unterschied, eins rauf oder runter ... Mit den Jahren rücken Menschen sowieso näher zusammen, stimmt's? Zu den »Großen« in Kindergarten und Schule habe ich als Kind ehrfürchtig aufgeschaut. Heute fühle ich mich mit ihnen gleichaltrig, z. B. wenn Notker Wolf in seinen Bestsellern mal abschätzig, mal anerkennend von den »Alt-68ern« redet. Da spitze ich meine Ohren, die Erinnerung wird hellwach, das Lebensgefühl von damals beginnt im Bauch zu kribbeln. Wahrscheinlich geht es Ihnen nicht anders! Das ist es nämlich, was uns verbindet: Wir sind Zeitzeugen dieser Jahre des Aufbruchs und Umbruchs, der Nachkriegszeit, des »Wunders

von Bern«, des Sputniks und der Mondlandung, von Ludwig Erhards Wirtschaftswunder, Prager und sonstigen Frühlingen, eines Konzils in Rom, eines deutschen Papstes – Benedikt XVI. –, des Baus und des Falls der Berliner Mauer, von Woodstock, Beatles, Bee Gees, Rolling Stones, vom Siegeszug der Jeans, des Polo-Shirts und Farbfernsehens, des Millenniums und des 11. September 2001. Staunenswerte und erschreckende Erinnerungen! Der einen oder anderen Sache war es nicht bestimmt, im Gedächtnis zu bleiben, manches haben wir gerne vergessen.

Um die 60 fangen fast alle an, über die Zeit nachzudenken wie weiland Udo Jürgens: »Wer hat meine Zeit gefunden, die ich irgendwie und -wann verlor ...« oder »Mit 66 Jahren ...«. Erinnern wir uns mit diesem Buch doch miteinander! Wie sagt der Philosoph Sören Kierkegaard? »Leben können wir unser Leben nur vorwärts, verstehen nur rückwärts.« Schauen wir also gemeinsam zurück, um manches besser, anderes vielleicht zum ersten Mal zu begreifen!

Allen Leserinnen und Lesern, allen Jubilarinnen und Jubilaren wünsche ich bei der Zeitreise zurück in die eigene Kindheit und Jugendzeit viel Freude, insbesondere bei den Abzweigungen in die eigene Lebensgeschichte.

Ihr Norbert Weidinger

Historisches

Was in unserem Geburtsjahr passierte, hat die Welt beeinflusst, in der wir aufgewachsen sind. Doch haben sich uns natürlich auch die großen Weltereignisse der späteren Jahre eingeprägt.

Rosinenbomber, Gründungsfieber und dazwischen wir

Das Jahr 1949 kann in vielerlei Hinsicht als Jahr des Aufbruchs gelten: Die beiden deutschen Staaten werden gegründet, Mao Zedong proklamiert die Volksrepublik China, Großbritannien erkennt Israel an, internationale Organisationen formieren sich neu. Bestehende politische Bündnisse werden bekräftigt, gleichzeitig vertieft sich die Spaltung zwischen Ost und West. Für den Jahrgang 49 heißt das: unsere Zukunft beginnt in einem geteilten Land.

Marshallplan, Luftbrücke und Eiserner Vorhang

Die Menschen in Deutschland müssen Anfang 1949 zwar nicht mehr hungern, haben jedoch oft nur ein notdürftiges Dach über dem Kopf. Auch viele Flüchtlinge aus dem Osten suchen im Westen ein Zuhause. Probleme bereiten vor allem die steigende Arbeitslosigkeit und die Berlinblockade, mit der die Sowjets auf die Währungsreform reagieren. Die Luft-

Woher kommt der Name »Rosinenbomber«?

Eine wunderschöne Geschichte: Der amerikanische Pilot Gail Halvorsen kommt bei seinem Einsatz während der Berliner Luftbrücke auf die Idee, vor dem

Feierliche Ansprache vor dem Start des letzten Rosinenbombers am 30. September 1949 in Frankfurt

Abwurf der eigentlichen Hilfsgüter (u. a. Lebensmittel, Medikamente, Kohle, Trockenmilch) Päckchen mit Schokolade, Kaugummi und Rosinen an sein Taschentuch gebunden zur Erde segeln zu lassen. Die Kinder sind begeistert. Die Medien berichten über den »Candy Bomber« und die »Operation Little Vittles« (kleiner Proviant), woraufhin sich andere Piloten anschließen. Alle Berliner Jungs möchten plötzlich Pilot werden. Halvorsen hat seine Erinnerungen im Buch *Kaugummi und Schokolade* (Berlin 2005) niedergeschrieben. Vor dem Flughafen Tempelhof steht noch heute der Ur-Rosinenbomber von Halvorsen: eine Douglas C-54 Skymaster. In Stoßzeiten flogen sie im Dreiminutentakt. Nicht alle Hilfsflüge kamen aus den USA, und natürlich warfen nicht alle Rosinen ab.

brücke mit ihren »Rosinenbombern« lindert die Not. Viele Familien bangen außerdem um Vermisste und Kriegsgefangene aus dem Zweiten Weltkrieg: Werden sie jemals wieder heimkehren (siehe Seite 46)?

Schon 1947 erstellt US-Außenminister George Marshall den nach ihm benannten Marshallplan, ein Wiederaufbauprogramm für das im Zweiten Weltkrieg verwüstete Europa. US-Präsident Truman unterzeichnet das entsprechende Gesetz am 3. April 1948 und ermöglicht so die Unterstützung der westeuropäischen Staaten einschließlich der Westzonen Deutschlands mit Hilfslieferungen und Krediten. Verteilt werden die Mittel über die »Organisation für europäische wirtschaftliche Zusammenarbeit« (OEEC). Zur Teilnahme eingeladen sind ursprünglich auch die Sowjetunion und die osteuropäischen Staaten. Aber der »Eiserne Vorhang« nimmt bereits Konturen an: Im Januar 1949 wird im »Ostblock« – als sozialistisches Gegengewicht zur OEEC – der »Rat für gegenseitige Wirtschaftshilfe« (RGW) ins Leben gerufen.

Schwungvolle Schrift und ein fröhlicher Lichtschein symbolisieren auf diesem Plakat von 1950 die Wirkung des Marshallplans.

Aufbruch zu neuen Ufern: Gründung zweier Staaten

Im Jahr 1949 entstehen die Bundesrepublik Deutschland und die Deutsche Demokratische Republik. Die treibende Kraft bildet das Streben nach der Wiedergewinnung staatlicher Souveränität. Allerdings behalten sich die

Besatzungsmächte zunächst beträchtliche Kompetenzen vor.

So sieht der Lauf der Geschichte im Detail aus:

Am 23. Mai 1949 wird aus der englischen, französischen und amerikanischen Besatzungszone die Bundesrepublik Deutschland. Das Grundgesetz wird verkündet und tritt einen Tag später, am 24. Mai, in Kraft. Der Name

Kanzler Adenauer (links) und Präsident Heuss 1958 im vertraulichen Gespräch am Bonner Flughafen vor Heuss' Abreise nach Kanada

des Verfassungsausschusses, wird nach der Staatsgründung am 7. Oktober 1949 der erste Ministerpräsident.

Unsere Eltern fragen sich: Wird das gut gehen? Wird es jemals eine Wiedervereinigung geben? Vier Jahre nach dem Ende des Hitlerregimes wankt das Vertrauen in die Politik. Die Erfahrungen mit der Demokratie zur Zeit der Weimarer Republik, sofern man sich noch daran erinnern kann, sind sehr unterschiedlich, die Haltungen zwiespältig. Einige Sätze aus der Antrittsrede des Bundespräsidenten Theodor Heuss lassen die damaligen Schwierigkeiten erkennen (siehe rechts). Im Zentrum steht das Ringen um ein neues Selbstbewusstsein – als geteilter Staat und als Teil Europas.

»Grundgesetz« (statt »Verfassung«) unterstreicht den provisorischen Charakter: Eine neue (gesamt-)deutsche Verfassung soll es erst nach einer Wiedervereinigung geben. Im September 1949 erfolgt die Errichtung des ersten Deutschen Bundestages und des ersten Bundesrates. Zum ersten Bundespräsidenten wird Theodor Heuss gewählt, Konrad Adenauer ist der erste Bundeskanzler.

Der Gründung der Deutschen Demokratischen Republik in der sowjetischen Besatzungszone, der sogenannten »Ostzone«, geht der formelle Beschluss der »Verfassung der Deutschen Demokratischen Republik« am 19. März 1949 durch den Volksrat voraus. Otto Grotewohl, der Vorsitzende

Kalter Krieg, Gleichgewicht des Schreckens und wir mittendrin

Der »heiße« Krieg, der Zweite Weltkrieg, ist kaum mit der bedingungslosen Kapitulation zu Ende gegangen, da beginnt der Kalte. Den Begriff prägt der US-Journalist Walter Lippmann für den aufbrechenden Ost-West-Konflikt, der zuvor durch den gemeinsamen Kampf gegen das Hitlerregime überdeckt war. Manche sehen die historischen Wurzeln schon in der russischen Oktoberrevolution von 1917. Andere lassen ihn mit dem Gegeneinander der 1949 gegründeten NATO (Nordatlantisches Verteidigungsbündnis) und des Warschauer Paktes (»Vertrag über Freundschaft,

Zusammenarbeit und gegenseitigen Beistand«), zu dem sich die Ostblockstaaten 1955 zusammenschließen, beginnen. »Kalter Krieg« meint die Auseinandersetzung zwischen den beiden Machtblöcken, die für zwei unterschiedliche Systeme stehen: den Kommunismus bzw. Sozialismus im Osten und den Kapitalismus im Westen. Planwirtschaft versus (soziale) Marktwirtschaft, totalitäre Diktatur gegen Demokratie. Die Gegner kämpfen mit allen Mitteln um die Vorherrschaft. Sie konkurrieren in Sportwettkämpfen ebenso wie auf »Nebenkriegsschauplätzen« wie Spionage und Propaganda, sie beginnen ein beispielloses Wettrüsten und dehnen ihre Rivalität ins Weltall aus; sie führen Stellvertreterkriege in Pakistan, Indien, im Nahen Osten, in Vietnam, Korea und Kuba. Sie »eilen zu Hilfe« oder schicken Waffenarsenale. Sie treiben damit einerseits die Entkolonialisierung in Afrika voran und lösen Befreiungskriege aus. Auf der anderen Seite werden Militärdiktaturen errichtet und unterstützt

So deprimierend stellte sich die Berliner Mauer fünf Jahre nach ihrer Errichtung dar. Das Foto habe ich 1966 aufgenommen.

Zusammen oder getrennt?

»Wir sind eine Bundesrepublik. Und nun die Frage: Sind wir zusammengefügt aus Staaten, oder sind wir auseinandergegliedert in Staaten? Wenn man sich das plastisch vorstellt, so spürt man gleich, dass hier zwei Geschichtsauffassungen (...) nebeneinander treten. (...) Die Schwierigkeiten, die in dieser Frage stecken, sind jedem, der im öffentlichen Leben gewirkt hat, offenkundig genug. (...) Die Bundesrepublik Deutschland umfasst nur einen Teil unseres Volkes. Ich darf von den Deutschen im Osten sprechen. Ich muss von Berlin sprechen. Mehr als die Hälfte meines Lebens (...) habe ich in dieser Stadt gelebt. (...) Berlin ist heute an das Schicksal Westdeutschlands gebunden; aber das Schicksal von Gesamtdeutschland bleibt an Berlin gebunden, dessen müssen wir uns bewusst bleiben. (...) Deutschland braucht Europa, aber Europa braucht auch Deutschland. (...) Wir sind in der Hitlerzeit ärmer geworden, als uns die Macht des Staates von dem Leben der Völker absperrte. Aber wir wissen auch das: Die anderen würden ärmer werden ohne das, was Deutschland bedeutet. (...) Im Bewusstsein meiner Verantwortung vor Gott trete ich dieses Amt an. Indem ich es übernehme, stelle ich dieses Amt und unsere gemeinsame Arbeit unter das Wort des Psalmisten: ›Gerechtigkeit erhöhet ein Volk.‹«

Theodor Heuss' erste Rede als Bundespräsident, 12. September 1949

22. Oktober 1962: US-Präsident Kennedy setzt seine Unterschrift unter die Anweisung zur Verhängung der Seeblockade gegen Kuba.

(z. B. in Chile). Diese Spaltung der Welt verschärft die Spaltung Deutschlands.

Die heißeste Phase erlebt der Kalte Krieg mit dem Bau der Berliner Mauer am 13. August 1961 und der Kubakrise im Oktober 1962. Die Atomraketen auf beiden Seiten sorgen für ein »Gleichgewicht des Schreckens«; denn bereits am 29. August 1949 hat die Sowjetunion den Vorsprung Amerikas aufgeholt und zündet ihre erste eigene Atombombe. Ein Spiel mit dem Feuer, ein Tanz auf dem Vulkan und wir mittendrin, zerrissen in zwei Teile, in ständiger Bedrohung. Ein Satz, der uns Kinder damals in höchste Angst versetzen konnte, lautete: »Die Russen kommen.«

Der Kalte Krieg, der unser Lebensgefühl von Kindesbeinen an bis zu unserem 40. Lebensjahr geprägt hat, endet mit dem Zusammenbruch der Sowjetunion im Jahre 1989. Am 9. November 1989 fällt die Berliner Mauer kampflos. Welch ein Wunder! Die Vorarbeit leisten Männer wie Willy

Kubakrise

Den Höhepunkt des Kalten Krieges bildet die Kubakrise: die Konfrontation der Atomsupermächte USA und UdSSR im Oktober 1962. Beide sind zu einer militärischen Auseinandersetzung bereit. Die USA entdecken, dass die UdSSR Mittelstreckenraketen auf Kuba stationiert. Es kommt zu hektischen Beratungen und einer Seeblockade. Die Anspannung erreicht ihren Höhepunkt, als die UdSSR von Kuba aus am »Schwarzen Samstag«, dem 27. Oktober 1962, ein U-2-Spionageflugzeug der USA abschießt. Ein Atomkrieg steht direkt bevor. Papst Johannes XXIII. richtet einen Friedensappell an die Führer der Weltmächte. Im letzten Moment erzielen der amerikanische Präsident John F. Kennedy und der sowjetische Staatspräsident Chruschtschow eine Verhandlungslösung. Chruschtschow lenkt ein und zieht die Raketen und Atomwaffen von Kuba wieder ab. In der Folge wird ein »heißer Draht« zwischen dem Kreml und dem Weißen Haus eingerichtet, da man begriffen hat, dass Entspannung nottut.

Brandt und Michail Gorbatschow, aber auch der Zusammenbruch der Volkswirtschaft im Osten. Im Jahr 1949, als der Kalte Krieg Fahrt aufnimmt, ahnt das keiner.

Deutschland ist damals – noch! – entmilitarisiert. Der erste Vorstoß zur Wiederbewaffnung in der Bundestagsdebatte am 24. und 25. November 1949 scheitert noch. Aber schon bald ist es so weit: mit der Gründung der Bundeswehr am 5. Mai 1955 sowie dem Eintritt in die NATO am 9. Mai 1955. Begleitet werden diese Vorgänge von starken Protesten und heftigen innenpolitischen Auseinandersetzungen, die auch in den Folgejahren anhalten werden. Der Aufbau einer neuen Armee aus Offizieren der Nazi-Wehrmacht erscheint vielen Deutschen nach der moralischen Verantwortung für zwei Weltkriege untragbar. In der DDR wird ab 1952 die Kasernierte Volkspolizei aufgebaut; ihre Einheiten werden von der am 18. Januar 1956 gegründeten Nationalen Volksarmee übernommen.

Konrad Adenauer war nicht nur der erste Bundeskanzler, sondern von 1951 bis 1955 zugleich auch Außenminister der Bundesrepublik.

Konrad Adenauer, Architekt der Kanzlerdemokratie

An Konrad Adenauer erinnert sich in unserer Generation jede und jeder. Aber woran eigentlich? An den Beitritt zur NATO und die Wiederbewaffnung? Sein Verhandlungsgeschick mit dem Kreml und die Freilassung der letzten deutschen Kriegsgefangenen (siehe Seite 46)? An das Wiedergutmachungsabkommen mit Israel und die deutsch-französische Freundschaft unter Charles de Gaulle? An den Rosenzüchter und seine vielköpfige Familie? Seine Prinzipien(un)treue (»Was kümmert mich mein eigenes Geschwätz von gestern«)? Seine Entscheidung für die Westbindung, gegen die Neutralität? Sein Eintreten für die »Vereinigten Staaten von Europa« und damit für den zwangsläufigen Konflikt mit der Sowjetunion? Seinen Einsatz für die Eingliederung der Flüchtlinge und Vertriebenen? Die Durchsetzung der Sozialen Marktwirtschaft? Er hat sich zahlreiche Verdienste um die Bonner Republik erworben und sich doch viele Gegner gemacht.

Konrad Adenauer kommt 1876 in Köln zur Welt, studiert wie sein Vater Rechts- und Staatswissenschaften (in Freiburg im Breisgau, München und Bonn) und ist von 1917 bis 1933 Oberbürgermeister von Köln. Die Nationalsozialisten entfernen ihn aus dem Amt, gewähren ihm aber eine jährliche Pension. In den Jahren der Nazidiktatur wechselt er häufig seinen Wohnsitz und versteckt sich teilweise; 1944 wird er trotzdem inhaftiert. Nach dem Krieg wählt man Adenauer 1946 zum Vorsitzenden der neu gegründeten CDU in der britischen Zone und am 1. September 1948 zum Präsidenten des Parlamentarischen Rates, der die Verfassung für einen neuen westdeutschen Staat ausarbeiten soll. Mit einer einzigen Stimme Mehrheit (einschließlich der eigenen!) wird er am 15. September 1949 erster Bundeskanzler der Bundesrepublik Deutschland, im Alter von 73 Jahren. Seine große Popularität, seine unglaubliche Schlagfertigkeit und Schaffenskraft verhelfen ihm dreimal zur Wiederwahl: 1953, 1957 und 1961. Länger als Adenauer amtierte nur Kanzler Kohl. Auf Druck der FDP und seiner eigenen Partei muss er nach einem Rücktritt auf Raten am 15. Oktober 1963 endgültig den Weg für Ludwig Erhard freimachen. Konrad Adenauer stirbt am 19. April 1967 in Rhöndorf. Schon zu Lebzeiten mit vielen Auszeichnungen geehrt, wird er noch 2003 im Rahmen einer ZDF-Sendereihe zum »größten Deutschen aller Zeiten« gewählt.

Ludwig Erhard, Vater des Wirtschaftswunders

Trotz gewisser Vorbehalte – auch von Seiten Adenauers – gegen Ludwig Erhards Eignung für dieses Amt läuft schließlich alles auf dessen Kanzlerkandidatur zu. Immerhin hat die Ära Adenauer ihren Erfolg zu großen Teilen Erhards Engagement als Wirtschaftsminister zu verdanken, auch wenn er selbst den Begriff »Wirtschaftswunder« als promovierter Ökonom natürlich ablehnt.

Geboren 1897 in Fürth, studiert Ludwig Erhard Betriebswirtschaft, Nationalökonomie und Soziologie in Frankfurt am Main. Er arbeitet am »Institut für Wirtschaftsbeobachtung« in Nürnberg, ehe er 1942 das »Institut

Wohlstand für alle Ludwig Erhard CDU

Vor den Wahlen zum dritten Deutschen Bundestag am 15. September 1957 wirbt die Union mit Erhards Konterfei und Motto.

für Industrieforschung« gründet. Schon während der NS-Zeit entwickelt Erhard Pläne zur Neuorganisation der Wirtschaft nach dem Krieg, was ihm die Anerkennung Carl Friedrich von Goerdelers, des Widerstandskämpfers vom 20. Juli 1944, einbringt.

In der Bizone bereitet Erhard 1947 die Währungsreform vor, er kandidiert 1949 für den Deutschen Bundestag und wird Adenauers Wirtschaftsminister, im dritten Kabinett schließlich Vizekanzler.

Erhard ist ein ganz dezidierter Gegner jeglicher staatlicher Wirtschaftslenkung; er und seine Mitarbeiter prägen wesentlich die Idee der Sozialen Marktwirtschaft.

Am 16. Oktober 1963 wählt der Bundestag Ludwig Erhard zum Bundeskanzler, 1966 wird er Vorsitzender der CDU. Doch bleibt seine Amtszeit kurz, und es ist ihm nicht vergönnt, aus dem Schatten Adenauers herauszutreten. Innenpolitisch bringen ihn vor allem Haushaltsprobleme ins Stolpern. Die Staatsausgaben steigen immer mehr, und Erhard, die Symbolfigur des »Wohlstands für alle«, ruft wiederholt zum »Maßhalten« auf. Er erleidet einen Autoritätsverlust und verliert an Rückhalt in seiner Partei. 1966, am 1. Dezember, erzwingen die FDP-Minister durch ihren Rückzug aus dem Kabinett den Rücktritt Erhards. Nachfolger wird Kurt Georg Kiesinger mit einer Großen Koalition. Erhard bleibt Mitglied des Bundestages, 1972 wird er dessen Alterspräsident. Er stirbt am 5. Mai 1977 in Bonn.

Wirtschaftswunder

Mit Wirtschaftswunder bezeichnet man die Zeit des Aufschwungs nach der Währungsreform 1948 bis zur Behebung der Arbeitslosigkeit und dem Erreichen der Vollbeschäftigung 1962. An seinem Ende steht 1966/67 eine erste kleinere Rezession, ein wirtschaftlicher Abschwung. Als »Vater des Wirtschaftswunders« gilt der Wirtschaftswissenschaftler Prof. Dr. Ludwig Erhard; er hielt den freien Wettbewerb (in einer sozialstaatlich abgesicherten Gesellschaft!) für die Voraussetzung einer funktionierenden Wirtschaft und damit eines stabilen Staates. Im Zuge der Währungsreform 1948 werden das gelenkte System und die Preisbindung abgeschafft, die Gesetzgebung wird konsequent wirtschaftsfreundlich. Die landwirtschaftliche Produktion steigt ebenso wie die Löhne und der Konsum. Man schafft sich Radio, Plattenspieler, Motorräder, Autos an, man verreist wieder, man gönnt sich was ... Die Werbung erhält eine neue Schlüsselstellung. An die negativen Folgen, z. B. in ökologischer Hinsicht, denkt damals noch keiner. Am Ende zeichnet sich anderes ab: die Verdrängung der beliebten Tante-Emma-Läden durch Supermärkte und der Kleinbauern durch Agrarreformen und das Eingreifen der Europäischen Wirtschaftsgemeinschaft (EWG). Im Bewusstsein der Bevölkerung beendet das Wirtschaftswunder mit steigendem Lebensstandard die Nachkriegszeit. Der Fortschrittsglaube wächst.

Bildung auf Sparflamme – und es geht doch

Die Lehrerbildung gerät während des Krieges ins Stocken. Hoffnungsvolle Talente rafft der Tod in Schützengräben oder in Bombennächten hinweg. In der Nachkriegszeit fehlen Lehrer und Lehrerinnen. Deshalb muss es möglichst schnell gehen. Die Qualität der Lehrerausbildung und die Besoldung lassen 1949 noch viele Wünsche offen. Hier liegen unwiderlegbare Ursachen für den »Bildungsnotstand«. Das »Lied vom armen Dorfschulmeisterlein« macht die Runde, auch bei unseren Klassenfahrten und Klassentreffen, sobald der Lehrer nicht dabei ist.

Wir Zwerge in der Zwergschule

Unser Jahrgang 1949 genießt keine Bildung von Anfang an, wie sie heutzutage in der Frühpädagogik gefordert wird. Er besucht beim Schuleintritt 1955 zum größten Teil eine heute fast gänzlich unbekannte »Zwergschule«. Trotzdem wünschen sie sich viele angesichts des PISA-Schocks zurück. Eine Klasse besteht 1955 in der Regel aus verschiedenen Jahrgangsstufen, zum Beispiel aus Schülern der ersten bis vierten! Unsere Lehrkräfte müssen beim Unterricht ihre ganze Kreativität und alles organisatorische Geschick in die Waagschale werfen, um diese Herausforderung zu meistern und unser »Eigenleben« und unseren Ideenreichtum beim Ärgern unserer Banknach-

barn in Schach zu halten. Alle wollen gleichzeitig sinnvoll beschäftigt sein: die Nochnichtleser aus der ersten und die Schnellrechner aus der vierten Klasse. Andernfalls entsteht Unruhe. Schiefertafeln, Griffel, Bücher, Hefte ... alles Mangelware. Schulfreier Samstag? Fehlanzeige! Auch wenn von Zwergschule die Rede ist, drücken in einem Schulsaal mitunter zwischen 40 und 50 Kinder die Schulbänke. Da müssen die Älteren mit ran. Denn: Kinder lernen am schnellsten von und mit Kindern. Dieses Geheimnis wird heute neu entdeckt und gepriesen – Finnland lässt nicht nur grüßen, sondern regt zur Nachahmung an.

Bildungskatastrophe – doch wir haben überlebt

Mit dem Begriff »Bildungskatastrophe« fasst der Pädagoge und Zukunftsforscher Georg Picht 1964 im Rückblick die Ausgangssituation zusammen: Es haben viel zu wenige die Chance, das Abitur zu erreichen, denn es fehlen Gymnasien. Ihre Zahl steigt erst in den 70er-Jahren. Benachteiligt sind vor allem die Mädchen (ihre Bildung halten die meisten für einen puren Luxus, der sich nicht auszahlt), außerdem Katholiken sowie Kinder vom Land und aus ärmlichen Verhältnissen – so wie heute Kinder mit Migrationshintergrund.

Nach dem Appell des 1965 gegründeten Deutschen Bildungsrates nimmt ab 1975 die Bildungsreform ihren Lauf. Sie ist eng verbunden mit dem Namen Saul B. Robinsohn und betrifft Lehrpläne und Ausbildungsordnungen von der Grundschule bis hinauf zur Universität. Das erklärte Ziel lautet, unseren Bildungsnotstand zu beheben. Doch Hand aufs Herz, so völlig ungebildet fühlen wir uns nicht, oder? Ist nicht aus jedem von uns etwas Vernünftiges geworden?

Von 1959 aufwärts, also für unsere Altersklasse, trägt die Hauptschule diesen Namen wirklich zu Recht; denn die meisten Kinder einer Jahrgangsstufe besuchen sie. 1960 machen 90 % aller Jugendlichen einen Hauptschulabschluss. Wer wie ich aufs Gymnasium will, muss sein Elternhaus und sein Dorf, wo Dialekt gesprochen wird (siehe Seite 50), verlassen, ins Internat übersiedeln. Das Heimweh bringt viele fast um – ich spreche aus eigener Erfahrung. Hochdeutsch und Rechtschreiben? Eine Qual! Unsere Lehrer genießen großen Respekt bei uns, und erst recht bei unseren Eltern. Wir wagen kaum eine Widerrede, bleiben mucksmäuschenstill, selbst wenn wir uns ungerecht behandelt fühlen. Die Autorität lässt sich kein bisschen ankratzen. Eltern, Erzieher und Lehrkräfte halten zusammen wie Pech und Schwefel. Wir »Zöglinge« fügen uns in unser Schicksal. Schließlich wissen wir, welche einmalige Chance wir haben: Nur dank des Internats können wir das Abitur erreichen und später studieren.

Diese Zwergschule im oberbayerischen Kaltenberg, fotografiert im Jahr 1960, erinnert mich sehr an die Schule, die ich selbst besucht habe.

... und im deutschen Osten?

Die Entwicklung des Bildungssystems in der DDR nimmt in gewisser Hinsicht eine umgekehrte Entwicklung wie das Schulwesen in Westdeutschland. Anfangs werden neue reformpädagogische Ansätze erprobt. Doch die zunehmende Ausrichtung der Gesellschaft an ideologischen Vorgaben bedeutet auch in den Schulen eine Rückkehr zu autoritären Praktiken: »Keine Widerrede!« ist nun auch hier das Gebot der Stunde. 1958 wird der polytechnische Unterricht als grundlegend neu eingeführt. Als 1965 das Gesetz über das einheitliche sozialistische Bildungssystem erlassen wird, sind viele ältere Schüler, Studenten und Hochschullehrer bereits in den Westen geflohen.

Studentenrevolte, Flower-Power –
waren's wirklich wir?

Demonstration gegen die Notstandsgesetze am 11. Mai 1968 in Bonn. Der Text unter dem Dutschke-Bild bezieht sich auf das Attentat.

Ob wir studieren oder schon berufstätig sind – das Ende der 60er-Jahre bringt viele entscheidende politische Ereignisse. Jeder von uns bewertet sie anders. Manche sehen sich gern als »68er«, andere lehnen dieses Etikett ab. Doch ohne Zweifel hat diese Zeit Spuren in unserem Gedächtnis hinterlassen. Die Zahl 1968 klingt in vielen Ohren wie eine Zauberformel für alle denkbaren und undenkbaren Veränderungen. Aber was ereignet sich in diesem Jahr wirklich? Der Versuch, das zu beschreiben, ist ein Tasten zwischen Dichtung und Wahrheit. In der Tat gerät vieles in Bewegung. Mehrere fast zeitgleich verlaufende Prozesse sind zu unterscheiden. Sie lassen sich

alle dem Stichwort »Emanzipation« zuordnen, verstanden im Sinne von Selbstbestimmung und Befreiung: Befreiung von Verkrustungen in Kultur, Kirche, Politik ... Wie so oft kündigen sich die Entwicklungen und Verwicklungen schon lange vorher an. Es fehlt nur noch der berühmte Tropfen, der das Fass zum Überlaufen bringt.

Von der Studentenbewegung zur APO: Trau keinem über 30!

Vorarbeit für die Studentenbewegung, die sich zur Studentenrevolte entwickelt, leisten die Ostermarschbewegung als Ausläufer der Debatte um die Wiederbewaffnung ab 1950 (siehe Seite 11), der Vietnamkrieg und die Proteste dagegen, aber auch die milden Urteile des ersten Auschwitz-Prozesses 1965 und die nicht geführte Auseinandersetzung mit der »braunen« Vergangenheit, die nun offenkundig wird: »Unter den Talaren der Muff von tausend Jahren«, lautet in Anspielung auf die Rolle der Professoren im »Tausendjährigen Reich« ein studentischer Protest-Slogan aus Hamburg. Der Psychoanalytiker Alexander Mitscherlich attestiert den Deutschen in seinem gleichnamigen Buch die »Unfähigkeit zu trauern«, und zwar über die deutsche Vergangenheit. Diese Unfähigkeit unterhöhlt das Vertrauen zwischen den Generationen: »Trau keinem über 30!«, warnt ein bekannter Slogan dieser Jahre. Andere kontern in Anspielung auf Marx und Engels: »Trau keinem über 130!«

Die kritisierten universitären, gesellschaftlichen und politischen Strukturen werden mit Sit-ins bei Vorlesungen, mit Blockaden und Demonstrationszügen bekämpft. Im Dezember 1966 ruft Studentenführer Rudi Dutschke zur Gründung der Außerparlamentarischen Opposition auf. Angeheizt wird die Stimmung durch den Besuch des Schahs von Persien 1967 in Berlin. Der Schahbesuch löst Unruhen aus, bei denen der Student Benno Ohnesorg von einer Polizeikugel tödlich getroffen wird. Im April 1968 überlebt auch Rudi Dutschke nur knapp ein Attentat. Die Ereignisse tragen in den folgenden Jahren zur Radikalisierung vereinzelter Gruppen bei, die den Staat mit Waffengewalt bekämpfen wollen – am bekanntesten ist die sogenannte Baader-Meinhof-Bande, die sich selbst Rote Armee Fraktion nennt. Ihre Attentate werden die ganzen 70er-Jahre überschatten – kulminierend im »Deutschen Herbst« 1977 mit den Morden an Buback, Ponto und Schleyer sowie der Entführung der Lufthansa-Maschine »Landshut«.

Ein Schlagwort der studentenbewegten Jahre ist »antiautoritär«. In Anknüpfung an Theodor W. Adornos Studien zum »autoritären Charakter« soll durch die Vermeidung repressiver Erziehung die Befreiung des Individuums und damit langfristig die Umwälzung

I have a dream

»Ich habe einen Traum, dass meine vier kleinen Kinder eines Tages in einer Nation leben werden, in der man sie nicht nach ihrer Hautfarbe, sondern nach ihrem Charakter beurteilt wird. (...) Ich habe einen Traum, dass eines Tages in Alabama, mit seinen bösartigen Rassisten, mit einem Gouverneur, von dessen Lippen Worte wie ›Intervention‹ und ›Annullierung der Rassenintegration‹ triefen (...), dass eines Tages genau dort in Alabama kleine schwarze Jungen und Mädchen die Hände schütteln mit kleinen weißen Jungen und Mädchen als Brüder und Schwestern. Mit diesem Glauben werden wir fähig sein, die schrillen Missklänge in unserer Nation in eine wunderbare Symphonie der Brüderlichkeit zu verwandeln. Mit diesem Glauben werden wir fähig sein, zusammen zu arbeiten, zusammen zu beten, für die Freiheit aufzustehen, in dem Wissen, dass wir eines Tages frei sein werden.«
Martin Luther King, amerikanischer Bürgerrechtler, ermordet am 4. April 1968 in Memphis/Tennessee

Martin Luther King hält am 28. August 1963 auf den Stufen des Lincoln Memorial in Washington seine historische Rede.

der Gesellschaft erreicht werden. Zum Leitbild für viele Experimente der 70er-Jahre wird Alexander S. Neills Buch über seine reformpädagogische Arbeit in der Heimschule Summerhill. Zeitgeistkonform bringt es der deutsche Verlag 1969 unter dem Titel *Theorie und Praxis der antiautoritären Erziehung* auf den Markt – obgleich Neill seine Schule bereits 1924 gegründet hatte, als es den Begriff noch gar nicht gab.

In diesen Jahren geschah so viel, dass mir noch in der Rückschau der Kopf schwirrt: Ermordung von John F. Kennedy (1963), Black-Power-Bewegung in den USA, Tod von Che Guevara (1967), 1968 Prager Frühling, Pariser Mai, Ermordung von Martin Luther King, Aktionsrat zur Befreiung der Frauen und Neue Frauenbewegung, Aufruf der südamerikanischen Bischofskonferenz zur »Option für die Armen« in Medellín, Protestaktionen der Brüder Daniel und Philip Berrigan – zwei amerikanische Priester – gegen den Vietnamkrieg, Ermordung von Salvador Allende (1973).

Unleugbar brachte einiges, was man heute unter »68er-Bewegung« zusammenfasst, auch für unsereinen eine große Befreiung. Ich bedaure aber ausdrücklich, dass sie wieder in Gewalt gemündet ist. Der Teufelskreis geht damit immer nur in die nächste Runde. Gewalt kann nicht die Lösung sein. Machtmissbrauch fordert Widerstand. Der aber sollte gewaltfrei sein wie bei Martin Luther King, Mahatma Gandhi oder Jesus von Nazareth. Das ist jedenfalls meine Überzeugung.

1968: Im Osten was ganz Neues – und was machen wir?

Die Unzufriedenheit in den östlichen Staaten wird unübersehbar: auf den Arbeiteraufstand in der DDR 1953 und den Aufstand in Ungarn 1956 folgt der von 1968 in Prag, bekannt als »Prager Frühling«; 1970 kommt es zu Erhebungen in Polen, 1971 in Litauen. Der Zeitgenosse fragt sich: Geht das immer so weiter?

Der Prager Frühling ist mit meiner persönlichen Lebensgeschichte eng verbunden (siehe Seite 60), denn damals war ich »W 18«, also Wehrpflichtiger, 18 Monate lang. Aber was kümmern den Lauf der Geschichte meine Geschichten?

Der Name »Prager Frühling« ist einem traditionellen Musikfestival entliehen. Anfang der 60er-Jahre schlittert die ČSSR mit ihrer Planwirtschaft in eine ökonomische und gesellschaftliche Krise. Die Lage spitzt sich zu, als 1967 auf dem Kongress des Schriftstellerverbandes – zu den Teilnehmern gehörten Pavel Kohout und Václav Havel – öffentlich Kritik am Staat geäußert wird. Sanktionen führen zur Ausweitung des Widerstandes. Die ersten Studentenproteste werden gewaltsam aufgelöst. Die Kommunistische Partei (KPČ) setzt den Stalinisten Antonín Novotný ab und am 5. Januar 1968 den Reformer Alexander Dubček als neuen Vorsitzenden ein. Die Zensur wird aufgehoben, man beschließt Wirtschaftsreformen, lässt andere Parteien zu, will den sogenannten

»Dritten Weg« zwischen Sozialismus und Kapitalismus verwirklichen. Das weckt in der Bevölkerung Hoffnung auf einen »Sozialismus mit menschlichem Antlitz«. Im »Manifest der Zweitausend Worte« stellen sich zahlreiche Intellektuelle hinter Dubčeks Reformkurs.

Doch die Sowjetunion schätzt die Vorgänge als konterrevolutionär ein und fürchtet ein Übergreifen der Bewegung auf die Nachbarländer. Die sozialistischen »Bruderländer« drohen der ČSSR offen mit einer Intervention. Am 21. August 1968 zerschlagen schließlich 500 000 Soldaten des Warschauer Paktes mit Waffengewalt den Traum vom »Prager Frühling«. (Die DDR-Armee ist gegen Ulbrichts Wunsch nicht dabei – einen erneuten Einmarsch deutscher Truppen nur 30 Jahre nach der Nazi-Invasion will Moskau den Tschechen und Slowaken dann doch nicht zumuten.) Es gibt nach inoffizieller Zählung 94 Tote und 300 Verletzte. Hilflos werfen protestierende Jugendliche Steine und Fackeln auf die Militärfahrzeuge. Dubček wird abgesetzt. Der Westen greift nicht ein, die ČSSR fühlt sich im Stich gelassen. Viele gehen ins Exil, vor allem Angehörige der gebildeten Schicht. Welch ein Schicksalsschlag!

Erst 20 Jahre später, 1989, ist es so weit. Unter dem Eindruck der »Perestroika« erfasst die »samtene Revolution« das Land. Der Schriftsteller Václav Havel wird Ministerpräsident, der einst abgesetzte Alexander Dubček Parlamentspräsident. Beide verschaffen ihrem Land hohes Ansehen. 1993

Prager Bürger umringen russische Panzer. Auf umgestürzten Armeefahrzeugen schwenken Demonstranten ihre Flagge.

gehen Tschechien und die Slowakei getrennte Wege.

Welche Zukunftsvision wäre heute angemessen? Vielleicht ein »Kapitalismus mit menschlicherem Antlitz«?

Sexuelle Revolution – die Pechvögel sind wir?

Hand aufs Herz! Verständliche und verständnisvolle Aufklärung: Fehlanzeige? Gestern wie heute Mangelware? In den 50er-Jahren gilt Sexualität und damit auch sexuelle Aufklärung als Tabu-Thema Nummer eins. Wir sind die Pechvögel. Doch dann ändert sich das gesellschaftliche Klima. Der Film *Die Sünderin* mit Hildegard Knef

(1950), der damals als skandalös betrachtet wurde, die beiden Kinsey-Reports (in Deutsch 1954 und 1955), die Zeitschriften *Bravo* (1956) und *Konkret* (1957 – Chefredakteurin war zeitweilig Ulrike Meinhof), das Ansteigen der Frühehen und der Abtreibungen, die erste Antibabypille des US-amerikanischen Pharmakonzerns G. D. Searle (1960) leisten der sexuellen Revolution Vorschub. Sie verändern die Werbung, die Medienlandschaft, die Gesundheitspolitik und die Gesetzgebung. Gesundheitsministerin Käte Strobel lässt den Aufklärungsfilm *Helga* (1967) drehen und veröffentlicht trotz heftiger öffentlicher Angriffe den ersten *Sexualkunde-Atlas* (1969). Der Kuppelei-Paragraf – er verbot allgemein, unverheirateten Personen Wohnraum zur Verfügung zu stellen – wird abgeschafft. Oswalt Kolle versteht sich als »Fernaufklärer der Nation« und produziert Bücher und Filme wie *Dein Mann – das unbekannte Wesen*. Heute schmunzeln viele darüber.

Was sagt »Dr. Sommer« heute?

Dr. Sommer (alias Martin Goldstein), der bekannte Leserbrief-Onkel der *Bravo*, beantwortet 2008 in einem Interview die Frage: »Wie sollte denn sexuelle Einweihung aussehen?« so:
»Das hat mit Ermutigung zu tun. Es sollte doch darum gehen, jungen Menschen ein positives Gefühl zu vermitteln. Schon 1971 hat die evangelische Kirche eine Denkschrift verfasst, in der eine solche Ermutigung drinsteht. Aufgabe der Kirche sei es, alle Jugendlichen auf dem Wege des Erlebens der Sexualität zu begleiten, um ihnen eine positive Haltung zu verschaffen. Das gilt bis heute. In dieser Denkschrift steht auch, dass Homosexualität nicht krank ist und nicht erworben wird, sondern ein natürliches Phänomen ist, das man nicht diskriminieren sollte. Sexuelle Aufklärung sollte durch das Zusammenleben von Kindern und Erwachsenen geschehen – vor allem indem man darüber spricht. In unserer Gesellschaft wird über Sexualität aber nicht gesprochen. Dagegen habe ich als Dr. Sommer gekämpft. Ich habe aber nicht über Sex aufgeklärt. Das ist Quatsch. Denn ich sehe Sexualität immer unter dem Aspekt der Beziehung. Es ist keine Frage der Technik der einzelnen Körperteile, sondern es geht immer um eine Beziehung zwischen Menschen. Die Engländer haben da einen Vorteil. Sie habe zwei Wörter für Sexualität: *sexuality* und *sensuality*. Letzteres ist Sinnlichkeit, sind persönliche Empfindungen, über die miteinander gesprochen wird. Aber eben diese *sensuality* haben die 68er nicht gefördert. Das kam bei denen überhaupt nicht vor. Persönliche Empfindungen waren ja nicht politisch. Und auch heute noch sind die Menschen nicht geschult zum kommunikativen Leben, auf emotionalem Gebiet von ihrem Leben zu erzählen und einander zuzuhören.«

Der Begriff »sexuelle Revolution« geht zurück auf ein Buch von Wilhelm Reich (1945). Er geißelt darin die in seiner Zeit vorherrschende Sexualmoral als heuchlerisch und erhofft sich von einem anderen Umgang mit der menschlichen Sexualität eine friedliche Veränderung der Gesellschaft. Die Unterdrückung der Sexualität lähme auch die kreativen Potenziale der Menschen. Die Studentenbewegung fordert – gegen die traditionellen Moralvorstellungen der älteren Generation – zeitgemäße Sexualaufklärung in den Schulen und die Möglichkeit zur freien Entwicklung von Sexualität. Sie entdeckt den Zusammenhang von Sexualität und Macht – im positiven wie im negativen Sinn. Ich für meinen Teil denke, jede Generation und jeder Mensch muss seinen Weg suchen und finden – mit seinem Partner, seiner Partnerin. Zu erfüllter Sexualität gehören, davon bin ich überzeugt, echte Zuneigung, Zärtlichkeit und Liebe. Dann schenkt sie uns Glück.

»Make love, not war!« – die schönsten Seiten der 68er

1968 – das ist auch die Zeit der »Flower-Power« oder Hippie-Bewegung mit ihrem Motto »Make love, not war«. Der Top-Hit unserer Klasse war: »If you're going to San Francisco … be sure to wear some flowers in your hair« von Scott McKenzie. Nicht Panama, nein, California wird zum Land aller Jugendträume. Die Krönung stellt im August 1969 das Rockfestival in Woodstock dar. Fast jeder von uns hat den Film in voller Überlänge angeschaut. Er hat auch mich stark beeindruckt, besonders Jimi Hendrix' Gitarrensolo zur amerikanischen Hymne und Joan Baez. In diesen politisch bewegten Zeiten wirkt die Musik als verbindendes Element zwischen Menschen mit oft kontroversen Ansichten. Die Kraft der Musik macht etwas von der Freiheit, die damals so oft beschworen wurde, spürbar – mit einer unbeschwerten Leichtigkeit, die den Debatten jener Zeit meist völlig abgeht. Wichtige Impulse für gesellschaftliche Veränderungen passieren aber auch andernorts – in Bereichen, an die man heute kaum mehr denkt, wenn es um die Umbrüche der 60er-Jahre geht.

Joan Baez im März 1969, ungefähr ein halbes Jahr vor ihrem Auftritt in Woodstock. Sie wurde zur Ikone des politischen Protestsongs.

Von der Kirche im Dorf zum Dialog der Religionen

Zumindest bei unserer Geburt 1949 ist – wie eine alte Redewendung es formuliert – »die Kirche noch im Dorf«; das heißt, es ist alles in bester Ordnung. Die Kirche spielt die ihr zustehende Rolle, so wie es das 1949 in Kraft tretende Grundgesetz vorsieht. Es ist ganz normal und gehört sozusagen zum »guten Ton«, sich zu einer der Kirchen zu bekennen. Die Theologen prägen dafür den Begriff »Volkskirchentum«. Zwar wirbeln die Flüchtlingsströme die Verhältnisse in vormals konfessionell geschlossenen Landstrichen durcheinander. Alles vermischt sich. Manche haben im Krieg ihren Glauben verloren. Insgesamt aber klammern sich unter der Erschütterung des Zweiten Weltkriegs und in den täglichen Nöten der Nachkriegszeit sehr viele Menschen an Glaube und Religion. Dort holen sie sich Kraft und Halt zum Überleben und Mut zum Neuanfang.

Dennoch lauern viele Fragen in den Herzen und Köpfen: Wozu das Leid, das der Krieg über die ganze Menschheit brachte? Wohin mit der Schuld, wenn ich als Soldat – in welcher Situation auch immer – schießen musste? Auch die Zukunft ist ungewiss: Wie wird oder soll es weitergehen? Diese Fragen stellen sich den Glaubensgemeinschaften genauso wie dem Einzelnen. Viele Antworten werden gegeben, die nicht unbedingt zusammenpassen. Aber es gibt auch so etwas wie Trends. Sie lassen sich meines Erachtens beispielhaft ablesen am Zweiten Vatikanischen Konzil der Katholischen Kirche und in der Entwicklung der ökumenischen Brüdergemeinschaft von Taizé.

Taizé – das geistliche Weltdorf

Im Burgund, ganz in der Nähe des fast gänzlich verschwundenen Benediktinerklosters Cluny, das im Hochmittelalter eine entscheidende Rolle für die Erneuerung des Christentums spielte, liegt das kleine Dorf Taizé. Dort kauft Roger Schutz 1940 ein Haus, nimmt Kriegsflüchtlinge auf, muss 1942 vor der Gestapo fliehen, kehrt 1944 zurück und beginnt – eher untypisch für die evangelische Kirche, der der Schweizer Schutz angehört – ein Klosterleben im Zeichen der geistigen und materiellen Gütergemeinschaft, der Ehelosigkeit,

Kardinäle aus aller Welt in der Konzilsaula im Petersdom – sichtbares Zeichen für einen weltweiten Aufbruch der katholischen Kirche.

der Anerkennung einer Autorität (über sich) und des Gebets. Das Jahr 1949 markiert ein wichtiges Datum in Roger Schutz' Leben: am Ostersonntag, dem 17. April 1949, legt er zusammen mit Max Thurian, Pierre Souvairan und vier weiteren Brüdern sein Gelübde ab, in dem er sich verpflichtet, für immer nach den Regeln zu leben, welche sich diese Gemeinschaft selbst gegeben hat. Heute zählt die Communauté de Taizé rund 100 evangelische, orthodoxe und katholische Brüder unterschiedlicher Nationalität. Etwa ein Drittel von ihnen lebt aus Solidarität mit den Armen in der »Dritten Welt« in selbst gewählter Armut.

In den 60er-Jahren kommen immer mehr Jugendliche. Die romanische Kirche im Ort kann sie nicht mehr fassen. Die Versöhnungskirche und Unterkünfte werden gebaut. Die Versöhnung, das Zusammenwachsen der getrennten Christenheit und generell der Menschen dieser Welt, die Ökumene und die Eine-Welt-Bewegung erhalten einen Ort, einen Namen und ein Zuhause. 1970 verkündet Frère Roger das »Konzil der Jugend«, das später im »Pilgerweg des Vertrauens auf der Erde« seine Fortsetzung findet. Der Strom der Interessierten reißt bis heute nicht ab. Etwa 200 000 meist junge Menschen kommen jährlich nach Taizé, um in Begegnungen und Gesprächen, im Gebet und in Bibelgruppen spirituelle Orientierung und Fundierung ihres Lebens zu suchen, nach den Leitsätzen: »Anders leben, damit andere überleben« oder »… damit der

Gebet in Taizé – für Hunderttausende von Christen seit den 60er-Jahren wurde die Gemeinschaft zum Inbegriff gelebter Ökumene.

Mensch nicht Opfer des Menschen werde«. Jährlich finden in wechselnden Großstädten internationale Jugendtreffen statt, die von Taizé aus organisiert werden.

Frère Roger erhält viele Auszeichnungen, unter anderem den Friedenspreis des Deutschen Buchhandels (1974) und den UNESCO-Preis für Friedenserziehung (1988). Neben Pater Maximilian Kolbe, Pater Rupert Mayer, Papst Johannes XXIII. oder Mutter Teresa ist er im religiösen Bereich eine der prägenden Personen des letzten Jahrhunderts. Am 16. August 2005, im Alter von 90 Jahren, wird er Opfer eines Anschlages: Beim Abendgebet in der Versöhnungskirche tötet ihn eine geistig gestörte Frau. Doch die Saat, die Frère Roger ausgesät hat, geht auf. Die Gemeinschaft trägt die Bewegung unter der Leitung des neuen Priors Frère Alois weiter. Die Gesänge von Taizé sind für viele Kirchengemeinden rund um die Erde feste Bestandteile ihrer Gottesdienste.

Kirche im Aufbruch: das Zweite Vatikanische Konzil

In der Nachkriegszeit wachsen wir als Kinder und Jugendliche durch Taufe, Erstkommunion oder Konfirmation wie von selbst in unsere Kirchen hinein. In der Pubertät gilt es, damals wie heute, mit den Kinderschuhen den Kinderglauben abzustreifen und zu erproben, ob und wie weit der Glaube wirklich trägt. Die Kirchen haben es uns in diesem Wachstumsprozess nicht immer leicht gemacht. Bei vielen katholischen Jugendlichen geht ein Aufatmen durch die Reihen, als sich Rom aus der Erstarrung löst. Am 25. Januar 1959 kündigt Papst Johannes XXIII. in Rom das Zweite Vatikanische Konzil an – sehr zum Schrecken einiger Kardinäle. Einige Tage später fragt ihn jemand: »Heiliger Vater, was wollen Sie damit erreichen?« Da geht der Papst ans Fenster, öffnet es und sagt nur ein Wort: »Aggiornamento« – es geht um einen Aufbruch, eine Anpassung der Kirche und des christlichen Glaubens an heutige gesellschaftliche und weltpolitische Gegebenheiten. Ein frischer Wind soll wehen!

Das Konzil beginnt am 11. Oktober 1962 und schließt am 8. Dezember 1965. An beiden Tagen haben wir schulfrei, um die Feierlichkeiten vor dem Fernseher miterleben zu können. Ganz offensichtlich ist es ein Ereignis von historischem Rang.

Der Aufbruch, den das Konzil auslöst, ist auf unterschiedlichen Ebenen erkennbar: die Gottesdienstfeier wird reformiert, es gibt Impulse zur Überwindung der Kirchentrennung, die Klärung des Verhältnisses zu den nichtchristlichen Religionen wird angestoßen.

Vor dem Konzil feiert der Priester die Messe mit dem Rücken zur Gemeinde in lateinischer Sprache, ohne dass eine aktive Teilnahme vorgesehen und möglich ist – außer bei den formelhaften Antworten (in Latein) und den Liedern. Das Konzil verteilt die Rollen bei der Gottesdienstfeier auf viele – nicht mehr nur ausschließlich männliche – Schultern: Diakone, Ministrant(inn)en, Vorleser(innen), Sänger(innen) ... Die Verwendung der Landessprache fördert die Verständlichkeit und lädt die Mitfeiernden ein, wirklich teilzuhaben.

Zugegeben: das Problem der Spaltung der Kirchen ist in keinem Land der Erde so gravierend wie bei uns in Deutschland; von hier nahm die Trennung in Katholiken und Protestanten ihren Ausgang. Umso mehr wirken die Aussagen des Konzils wie eine Triebfeder im Sinne Jesu, der beim letzten Abendmahl im Gebet darum bittet, »dass alle eins seien«. Die Zahl der ökumenischen Begegnungen und Gottesdienste an der Basis steigt steil an. Die weiteren Meilensteine in der ökumenischen Bewegung stellen die im Ökumenischen Rat der christlichen Kirchen 1982 in Lima beschlossenen Erklärungen zum theologischen Verständnis von Taufe, Eucharistie- bzw. Abendmahlsfeier und (Priester-)Amt sowie die feierliche Unterzeichnung der Gemeinsamen Erklärung zur Rechtfertigung zwischen evangelischer und katholischer Kirche am 6. November 1999 in Augsburg dar.

Noch weiter geht die Vorwärtsbewegung des Konzils in der Anerkennung der anderen Religionen wie Hinduismus, Buddhismus, Judentum und Islam. Auch sie tragen Samenkörner der Wahrheit in sich, heißt es in der Erklärung zum Verhältnis zu den nichtchristlichen Religionen. In der Folge finden bis heute Friedensgebete der Konfessionen und Religionen in verschiedenen Gemeinden von Assisi bis Aachen, Afrika und Asien statt – insbesondere nach dem Terroranschlag auf die Twin Towers in New York am 11. September 2001.

Es ist sehr zu wünschen, dass die Kirchen und die ganze Menschheit aus der Inspiration dieses Konzils und der Gemeinschaft von Taizé Kraft für gegenseitige Achtsamkeit, Achtung, Toleranz und den Dialog miteinander schöpfen.

Unvergessen: Papst Johannes XXIII.

Angelo Roncalli, geboren am 25. November 1881 in einer kinderreichen Bauernfamilie des Dörfchens Sotto il Monte, arbeitet viele Jahre im diplomatischen Dienst der katholischen Kirche. Während des Zweiten Weltkriegs ist er Nuntius (Botschafter) des Papstes in Paris, dann 1953 Kardinal und Patriarch von Venedig. Er gilt als humorvoller Mensch, der sich auch als Papst oft sagt: »Giovanni, nimm dich nicht so wichtig.« Fallschirmspringern soll er bei einer Audienz gesagt haben: »Während ihr so eifrig darauf bedacht seid, getreu der militärischen Vorschrift vom Himmel zu fallen, möchte ich doch nicht, dass ihr am Ende vergesst, wie ihr hinaufkommt.« Durch seine menschliche Art wird er zum Sympathieträger einer sich rundum erneuernden Kirche. Er stirbt am 3. Juni 1963.

Papst Johannes XXIII. amtierte von 1958 bis 1963. Im Jahr 2000 wurde er von Papst Johannes Paul II. selig gesprochen.

Klassische und nichtklassische Karrieren

Das Jahr 1949 ist aus dem Blickwinkel der Musikgeschichte, sowohl in der E- als auch in der U-Musik, ein Jahr der Wendepunkte, in dem bedeutende Künstler sterben und geboren werden.

In memoriam Richard Strauss

Der große Name Strauss verweist auf Wien, aber auch auf München. In der bayerischen Hauptstadt geht es natürlich nicht um Walzer, sondern um Richard und das nach ihm benannte Richard-Strauss-Konservatorium im Münchener Musentempel am Gasteig.

Richard Strauss, der 1949 im Alter von 85 Jahren starb, bereitete die musikalischen Neuerungen des 20. Jahrhunderts mit vor.

Richard Strauss kommt am 11. Juni 1864 als Sohn eines Hornisten in München zur Welt. Seine Mutter stammt aus der Bierdynastie Pschorr. Das ermöglicht ihm eine frühe musikalische Ausbildung. Anfang der 1880er-Jahre lernt er den damals bekannten Dirigenten Hans von Bülow sowie Johannes Brahms kennen und wird, von ihnen gefördert, Hofkapellmeister in Meiningen, München und Weimar. Schließlich wechselt er nach Berlin. Unsterblich machen ihn seine Tondichtungen *Till Eulenspiegels lustige Streiche* (1895), *Also sprach Zarathustra* (1896), seine Oper *Salome* (1909), sein *Rosenkavalier* (1910) und seine *Alpensymphonie* (1915). Für die Olympischen Spiele 1936 in Berlin komponiert er die olympische Hymne *Völker, seid des Volkes Gäste*. Zeitgenossen beschreiben Strauss als unpolitisch. Einerseits nimmt er aktiv an der NS-Kulturpolitik teil, er springt ein, als Bruno Walter nicht mehr auftreten darf und als Arturo Toscanini es nicht mehr will, andererseits agiert er vorsichtig, weil seine Schwiegertochter Alice als »Halbjüdin« eingestuft wird. Allerdings ergreift er Partei für den jüdischen Autor Stefan Zweig, als dessen Name von einem Programmzettel verschwinden soll. Als engagierten Nazigegner wird man ihn dennoch nicht bezeichnen können. Richard Strauss stirbt am 8. September 1949 in Garmisch-Partenkirchen.

Emma Kirkby, die »Königin der Alten Musik«

Emma Kirkby, die englische Starsopranistin, feiert mit uns 2009 ihren 60. Geburtstag. Wird sie uns ein Ständchen singen? Sie beherrscht nicht nur die schwierigen Partien aus Richard Strauss' *Tod und Verklärung*, *Salome* und *Der Rosenkavalier*, sondern auch die frühe Musik von Hildegard von Bingen bis John Dowland. Als Lehrerin ausgebildet, will sie den Gesang ursprünglich nur als Hobby betreiben. Aber dafür ist sie einfach zu gut. 1999 wählt man sie im englischen Rundfunk zum »Artist of the Year«, 2007 wird ihr der Order of the British Empire verliehen. Ich höre sie gerne singen und gratuliere zu ihrer fantastischen Stimme und ihrer Ausstrahlung.

Volksmusik, Rock'n'Roll und Beat reißen alle mit

Unsere 49er-Generation wächst hauptsächlich mit Volksliedern auf. Wir lernen sie schon in Kindergarten und Grundschule. Beim Tanz, insbesondere auf dem Land, spielt man Volksmusik und singt deutsche Schlager. Später ist bei uns natürlich Jazz beliebt, Blues, Gospel und Spirituals mit Trompeter und Reibeisenstimme Louis Armstrong.

In den 60er-Jahren mischen sich englische Sprache, heiße Rhythmen, völlig neue elektronische Klangkaskaden kombiniert mit einer Percussions-

Das Konzert der Beatles im Münchner Circus Krone am 20. November 1963 dürfte allen Besuchern unvergesslich geblieben sein.

Batterie zu bislang ungekannten Klängen. King Elvis Presley verkörpert den Rock'n'Roll und versetzt damit die halbe Welt in Ekstase – ärgerlicherweise auch unsere Altersgenossinnen, womit er natürlich einen nahezu unschlagbaren Konkurrenten für uns Jungs darstellt. Es folgen die Beatles aus Liverpool (deren Pilzkopf-Haartracht wir lange nachgeahmt haben) mit *A Hard Day's Night* sowie, zum Schrecken aller Schwiegermütter, die Rolling Stones mit *I Can't Get No Satisfaction*. Am 15. September 1965 geben sie ihr sagenumwobenes Konzert auf der Berliner Waldbühne. Unsere Eltern disqualifizieren diese Phänomene als »Krach« und »Höllenlärm« und kommentieren sie mit einem »Mach endlich leiser!« Dabei haben wir nur ein normales Radiogerät oder einen Grundig-Plattenspieler, noch lange keinen Hi-Fi-Turm. Aber wir sind hin und weg!

Die Fan-Gemeinde polarisiert sich zusehends. Man kann nicht Beatles- und Rolling-Stones-Anhänger gleich-

*60 Jahre und kein bisschen leise: Bruce Spring-
steen, hier im Juli 2008 in Madrid, feiert seinen
runden Geburtstag am 23. September.*

zeitig sein. Es soll Häuser geben, in denen die Erwähnung des »B-Wortes« als
Hausfriedensbruch gewertet wird und
zu einem unerwartet schnellen Abschied führt. Es geht rund.

Jahrgang 49: Junge Leute mit Können und Charakter

In der Folge greifen einige unserer
Jahrgangsgenossen selbst zur Gitarre.
Mit einem davon, dem Rock'n'Roller
und Songwriter *Bruce Springsteen,*
teile ich zumindest meinen Spitzna-
men aus der Jugendzeit: »The Boss«.
Ihn, wie die meisten von uns, beein-
drucken erst Elvis Presley und später
die Beatles so sehr, dass er sich für 18

Dollar eine E-Gitarre kauft und loslegt.
(»Es gab zwei Dinge, die bei uns unbe-
liebt waren. Das eine war ich und das
andere meine Gitarre!«) Mit seiner
E Street Band und vor allem mit *Born
In The USA* schafft er den Durchbruch
zum Superstar. Mein Lieblingssong
von ihm: *Streets Of Philadelphia.*
Irgendwann trennt sich die Gruppe.
1999 feiert sie ihre Reunion und neue
Erfolge mit *Live In New York City*
(2001) und *The Rising* (2002). 2007
folgt *Live In Dublin,* im selben Jahr
wird eine Dokumentation zum 30-jäh-
rigen Jubiläum der Schallplatte *Born
To Run* mit einem Grammy ausgezeichnet. Glückwunsch!

Auch die *Bee Gees* sind eine Legen-
de. Sie haben eine Unzahl von Platten
verkauft. Robin Gibb und sein Zwil-
lingsbruder Maurice gehören zu uns
49ern. Bereits mit sechs Jahren haben
sie ihre ersten Auftritte, in den 60ern
die ersten Top-Ten-Hits. Nach einer
einjährigen Trennung 1969 kommt es
1970 zu einer Wiedervereinigung, und
die Bee Gees knüpfen nahtlos an ihre
Erfolge an. Mit der Filmmusik zu
Saturday Night Fever und ihrem Album
Spirits Having Flown werden sie zu Me-
gastars der Discowelle. Insgesamt sind
sie mit sechs Grammys ausgezeichnet
worden. Nachdem Maurice Gibb
(Bass, Gitarre, Keyboards, Gesang)
2003 nach einer Operation in Miami
Beach an Herzstillstand stirbt, verfol-
gen die übrigen Bee Gees keine weiteren gemeinsamen Projekte mehr.

Tom Waits gehört ebenfalls dem
Jahrgang 1949 an. Wer ihn einmal

gehört hat, vergisst ihn und seine rauchig-bluesig-bewegende Stimme nie mehr. Nach der Scheidung seiner Eltern arbeitet Tom 15-jährig in einer Pizzeria in National City, San Diego (USA) – eine Inspirationsquelle für seine späteren Songs. Dazu kommt der Einfluss der Schriftsteller der Beat-Generation: Jack Kerouac, Allen Ginsberg und Charles Bukowski. Tom Waits hat im Lauf seiner Karriere radikalere stilistische Wendungen vollzogen als die meisten Rockmusiker, sich immer wieder neu erfunden, Mut zu Neuem bewiesen. Davon könnte man sich als Altersgenosse durchaus inspirieren lassen, nicht nur in der Musik ...

Technischer Fortschritt

Unser Musikgenuss wird möglich durch technische Neuerungen. Beginnend mit Ende März 1949 sendet der Bayerische Rundfunk nicht nur über Mittelwelle, sondern auch über frequenzmodulierte Ultrakurzwelle (UKW/FM) und wird damit zum europäischen Vorreiter. Die Hauptschwelle zur Einführung der neuen Technik bilden die Zusatzausrüstung oder die neuen Geräte, die sich die Leute anschaffen müssen, wenn sie UKW empfangen wollen, sowie die Erstellung eines neuen Wellenplans zur Vergabe der Sendebereiche, der weltweit abgestimmt werden muss. Außerdem benötigt man eine entsprechende Antennen-Landschaft. Heftige Diskussionen um das Für und Wider sind die

Folge. Der Fachhandel und die Bevölkerung müssen informiert und gewonnen werden. Das erledigen Eduard Rhein von der Zeitschrift *Hör zu* und der Fachjournalist Ferdinand Schilling.

Die Bee Gees Maurice, Robin und Barry Gibb (von links nach rechts). Robin feiert seinen 60. Geburtstag am 22. Dezember 2009.

60 Jahre und schon lange heiser: Niemand kann einem Reibeisen so viel Seele einhauchen wie Tom Waits, geboren am 7. Dezember 1949.

Nach dem Spiel ist vor dem Spiel

Durch die rasante Entwicklung von Radio und Fernsehen erlebt unsere Generation nicht nur politisches Geschehen, sondern auch sportliche Höhepunkte teilweise live mit. Viele davon haben sich unauslöschlich ins Gedächtnis eingeprägt – allen voran internationale Großereignisse wie die Olympischen Spiele und selbstverständlich »König Fußball«.

Alle Sportarten haben in der Nachkriegszeit mit großen Schwierigkeiten zu kämpfen: Viele Sportler und Sportlerinnen starben im Krieg, Sportanlagen sind zerstört, dazu kommen der alltägliche Kampf um Lebensmittel und Kleidung und die Wohnungsnot. Die noch bestehenden Organisationen, Überreste des in der NS-Zeit gleichgeschalteten Sports, sind von den Alliierten 1945 aufgelöst worden. Die Sportverbände müssen also erst neu gegründet werden: Ab 1949 gibt es wieder einen Deutschen Leichtathletikverband, ebenso einen Deutschen Fußball- und einen Fechterbund; in der DDR wird 1948 der Deutsche Sportausschuss ins Leben gerufen, ab 1949 gibt es die DDR-Oberliga, um nur einige zu nennen. Das Jahr 1949 ist also auch in Bezug auf den Sport ein Jahr des Neuanfangs.

Erhobene Faust im schwarzen Handschuh: Tommie Smith (Gold, Mitte) und John Carlos (Bronze, rechts) zeigen »Black Power«.

Olympia und Politik

Die ersten Olympischen Sommerspiele nach dem Zweiten Weltkrieg finden 1948 ohne deutsche Beteiligung in London statt. Es folgt 1952 Helsinki, mit westdeutscher Beteiligung. Die Spiele von Melbourne 1956 werden wegen des Einmarsches der Truppen des Warschauer Paktes in Ungarn von einigen Staaten boykottiert, andere bleiben aufgrund der Suezkrise fern. Aber es nimmt eine gesamtdeutsche Mannschaft teil, ebenso 1960 in Rom und 1964 in Tokio. In Mexiko 1968 kommen schon mehr als 100 Nationen zusammen, und zum ersten Mal ziehen zwei getrennte deutsche Teams ein. Das ändert sich erst wieder im

Jahr 1992 in Barcelona. Die Spiele von München 1972 sind überschattet vom Terroranschlag auf das israelische Team; sie werden trotzdem fortgesetzt: »The games must go on! Die Spiele müssen weitergehen!«, wie IOC-Präsident Avery Brundage sagt. Warum eigentlich? Um die Eigenständigkeit des Sports gegenüber der Politik nachzuweisen oder um des Geschäftes willen? 1968, 1972 und dann auch 1976 in Montreal drohen viele afrikanische Staaten, nicht teilzunehmen, um den Ausschluss des Apartheidstaates Südafrika zu erzwingen. 1968 ist auch das Jahr, in dem die beiden afroamerikanischen Sportler Tommie Smith und John Carlos auf dem Siegerpodest die Fäuste in die Luft recken – die symbolische Geste der Black-Power-Bewegung – als Zeichen des Protests gegen den Rassismus in der amerikanischen Gesellschaft. Die beiden Athleten werden gesperrt.

1980 in Moskau bleiben 65 Nationen fern wegen des Einmarsches russischer Truppen in Afghanistan. Die Retourkutsche erfolgt 1984 in Los Angeles. Auch 1988 in Seoul gibt es Schwierigkeiten. Dass große Sportereignisse auch nach dem Kalten Krieg nie ganz unpolitisch sein können – auch wenn die meisten Sportler sich dies wünschen würden –, haben erst 2008 wieder die Olympischen Spiele in Peking gezeigt.

Bald spielen noch ganz andere Dinge eine Rolle. Vor den Winterspielen 1968 in Grenoble entbrennen heiße Diskussionen. Immer mehr Athleten

Gründervater des bundesdeutschen Fußballs: Vor allem der WM-Sieg 1954 machte Bundestrainer Sepp Herberger unsterblich.

möchten ihre sportlichen Erfolge zu Geld machen. Der IOC-Präsident Avery Brundage selbst hält den verpflichtenden Amateurstatus für Olympioniken für unzeitgemäß. Aber er kann sich noch nicht durchsetzen. Werbung im Zielraum wird als unzulässig erklärt. Erstmals werden Dopingkontrollen durchgeführt.

Ein Leben für den Fußball: Sepp Herberger

Sepp Herberger ist für uns 49er der Inbegriff eines Trainers der Fußballnationalmannschaft. Kein Wunder, denn am 10. Oktober 1949 übernahm er bereits zum zweiten Mal in seinem Leben diesen Posten. Erst beim Schreiben dieser Zeilen wird mir dies so richtig bewusst.

4. Juli 1954 im Berner Wankdorf-Stadion: Max Morlock (links) erzielt in der zehnten Spielminute den 1:2-Anschlusstreffer gegen Ungarn.

Im Jahr 1936 erfolgt die erste Berufung Sepp Herbergers zum »Reichstrainer des Fachamtes Fußball«. 1946, im Entnazifizierungsverfahren der Spruchkammer Weinheim, wird er als Mitläufer eingestuft. Deshalb kann er bereits 1947 eine Dozentenstelle an der Sporthochschule Köln und die dortige Trainerausbildung übernehmen.

1949 beginnt mit ihm, der selbst aktiver Fußballer beim SV Waldhof, VfR Mannheim und Tennis Borussia Berlin war und 1921, 1924 und 1925 drei Länderspiele bestritten hatte, der Wiederaufbau der Nationalmannschaft. Er vollbringt, völlig überraschend für die Weltöffentlichkeit, mit seiner Spielerauswahl das »Wunder von Bern«. Der gleichnamige Film weckt im WM-Jahr 2006 die Erinnerung daran: Mit List führt Sepp Herberger seine Mannschaft um Fritz und Ottmar Walter,

Horst Eckel, Maxl Morlock und Helmut Rahn zum ersten Weltmeistertitel für Deutschland. Die Bevölkerung lohnt es ihm mit zahlreichen Beinamen: Zauberer, Feldwebel, Feldherr, Fußballweiser ... Seine Spieler nennen ihn respekt- und liebevoll einfach »Chef«. Für viele von ihnen bleibt er eine Art Vaterfigur, die zugleich fordert und fördert. Manche Journalisten gehen so weit, den Endspielerfolg der deutschen Elf gegen Ungarn, das 3:2, als die eigentliche Geburtsstunde der Bundesrepublik Deutschland zu bezeichnen. Aus ihrer Sicht ist Sepp Herbergers Beitrag zur wiedergewonnenen Selbstachtung der deutschen Bevölkerung (»Wir sind wieder wer!«) nicht geringer als der von Konrad Adenauer und Ludwig Erhard.

Zehn Jahre später, 1964, tritt Herberger von seinem Amt zurück. Auf ihn folgt Helmut Schön. Zehn Jahre später, 1974, erneuter Jubel: »Wir sind Weltmeister!« – mit den neuen Helden »Kaiser Franz«, Gerd Müller, Berti Vogts und Günter Netzer. Im Kader für die WM 1974 sind auch echte 49er: Helmut Kremers (FC Schalke 04), Bernd Cullmann (1. FC Köln) und Jupp Kapellmann (FC Bayern).

Sepp Herberger stirbt am 28. April 1977, kurz nach seinem 80. Geburtstag. Er lebt weiter in der DFB-Stiftung Sepp Herberger zur Förderung des Fußballs im sozialen Kontext. Unsterblich sind auch seine Sprüche, wie die berühmte und treffende Beschreibung des innersten Wesenskerns des Fußballspiels: »Das Runde muss ins Eckige.«

Meine Geschichte

Jede Biografie ist einzigartig. Trotzdem wird vieles, was der Autor in seiner Kindheit und Jugend erlebt hat, auch seinen Altersgenossen und -genossinnen bekannt vorkommen.

Das Jahr '49 im Rückblick

Natürlich kann sich, wer 1949 geboren ist, genauso wenig an den Tag seiner Geburt zurückerinnern wie diejenigen, die in den weniger guten Jahren davor oder in denen danach zur Welt gekommen sind. Soweit ich weiß, hat nur ein einziger Mensch behauptet, sich seiner Geburt entsinnen zu können: der Komiker Karl Valentin. Unser Pfarrer zitierte in einer Faschingspredigt unter Berufung auf das Münchner Original: »An meine Geburt kann ich mich noch genau erinnern. Es war sehr dunkel. Als ich die Augen öffnete und meine Hebamme sah, fing ich sofort vor Schreck an zu

Meine Schwiegermutter Paula Gräf berichtet auf diesen Seiten davon, wie sie – damals 30 Jahre alt – das Jahr 1949 erlebte.

schreien; denn ich hatte diese Frau noch nie in meinem Leben gesehen.«

Eine Trümmerfrau blickt zurück ...

Um den Mangel an eigener Erinnerung auszugleichen, gebe ich das Wort an meine Schwiegermama, Paula Gräf, weiter. Sie ist 1919 in Würzburg geboren – auch ein besonders guter Jahrgang, dafür verbürge ich mich! – und eine würdige Vertreterin der sogenannten »Trümmerfrauen«. Paula wuchs als einziges Kind ihrer Eltern in Würzburg auf. Ihr Vater arbeitete als Drucker beim *Fränkischen Volksblatt* und starb früh. Nach der Volksschule hat sie die Mittelschule der Englischen Fräulein in Würzburg besucht und wurde Sekretärin u. a. bei »Backofen Wenz«, einer bekannten Firma, die Backöfen herstellte, und in der Landwirtschaftsschule. Paula heiratete durch eine sogenannte Ferntrauung mitten im Krieg ihren Mann Josef Gräf – zu dieser Zeit als Soldat in der Ukraine, ein Heimaturlaub wurde nicht erlaubt. Trotz Abratens von allen Seiten (»Das ist doch völlig unvernünftig! Vielleicht fällt dein Mann im Krieg, dann stehst du alleine da.«), zählte für die beiden jungen Leute nur die Liebe. Josef Gräf war ebenfalls das einzige Kind seiner Eltern. Das Schicksal des Einzelkind-Daseins wollten beide ihren eigenen

Kindern ersparen, deshalb wurden es in ihrer Ehe neun Kinder. Die ersten kamen noch während des Krieges zur Welt. Wegen drohender Bombardements wurde meine Schwiegermutter im Verlauf des Krieges auch evakuiert (siehe Kasten Seite 36).

... auf die Währungsreform

»Wenn ich mich an das Jahr 1949 erinnere, dann fällt mir ein: Es war das Jahr nach der Währungsreform. Der 20. Juni 1948 war für unser alltägliches Leben viel einschneidender als die Gründung der Bundesrepublik Deutschland im Mai 1949. Vor der Währungsreform hatten wir zwar Geld auf dem Sparkonto, aber wir konnten uns dafür nichts kaufen. Einkaufen konnte ich nur mit Lebensmittelmarken. Mit der Einführung der D-Mark änderte sich die Lage schlagartig. Du konntest auf dem freien Markt in der Stadt – der Schwarzmarkt hatte ausgedient – fast alles bekommen: Grundnahrungsmittel, Kleider, Schuhe, Schokolade, Bohnenkaffee, Bücklinge – aber niemand hatte genug Geld. Denn die Geldentwertung hatte alle Ersparnisse geschluckt. Eine harte Zeit.

Mein Mann musste als ehemaliger Leutnant 1949 erst einen Lehrgang abschließen, um Hilfslehrer werden zu können. Er hatte zwar schon von 1945 bis 1948 in einem kleinen fränkischen Dorf, Mühlhausen bei Würzburg, als Schulhelfer unterrichtet, und wir wohnten auch direkt im Schulgebäude, aber nun war unklar, ob Sepp während des Lehrgangs etwas verdienen würde. Das fünfte Kind kündigte sich an. Meine Mutter bekam noch keine Rente. Alles war unsicher. Die Zukunft machte uns Angst. Die Kriegsjahre steckten uns noch in den Knochen. Würzburg, Dresden und andere Städte lagen mitsamt ihren Kultur-

---

Trümmerfrauen

Die sogenannten »Trümmerfrauen« beseitigten in den Großstädten die Trümmer der zerbombten Gebäude in mühevoller Schwerstarbeit, legten Schutthalden an und sortierten die Reste nach Brauchbarem und Unbrauchbarem. Die Verpflichtung dazu ergab sich durch entsprechende Gesetze der Alliierten. In Westdeutschland wurden die Trümmerfrauen zum Symbol des Aufbauwillens und der Überlebenskraft der Bevölkerung in der Nachkriegszeit. In Berlin wurden ihnen 1955 mehrere Denkmäler gesetzt. 1987 beschloss der Deutsche Bundestag, den betroffenen Jahrgängen eine kleine Rentenerhöhung zukommen zu lassen, das Trümmerfrauengeld. Wegen der meist nur geringen Rentenansprüche der Frauen jener Generation – viele waren nur bis zur Geburt des ersten Kindes erwerbstätig – kommt diesem Trümmerfrauengeld nicht nur symbolische Bedeutung zu.

Per Ferntrauung heiratete Josef Gräf am 30.
August in der Ukraine und Paula am 16. Sep-
tember in Würzburg.

schätzen – dem Würzburger Dom,
dem Falkenhaus, der Residenz – in
Schutt und Asche. Dennoch, nun begann der Wiederaufbau, und der war
auch dringend nötig.

Unsere Dienstwohnung hatte zum
Beispiel keinerlei sanitäre Einrichtun-
gen. Wasser gab es nur am Dorfbrun-
nen, geheizt haben wir mit Holz und
Kohle. Im Schulhaus wohnten noch
zwei evakuierte Ehepaare, deren Woh-

nung in Würzburg am 16. März 1945
zerbombt worden war. Wohnraum
war überall knapp und kontingentiert,
weil noch viele Flüchtlinge aus dem
Osten, vor allem aus Schlesien und
dem Sudetenland, hinzukamen.«

... auf die Gründung der Bundesrepublik

»Von der Gründung der Bundesrepublik Deutschland nahmen wir am 23.
Mai 1949 keine Notiz – nicht aus
Desinteresse, sondern deshalb, weil es
keine Zeitungen und kaum Radios in
Mühlhausen gab. Hin und wieder ver-
teilte der Gemeindediener, der »Po-
lis«, im Auftrag der Gemeindeverwal-
tung Nachrichtenblätter. Ich nehme
an, dass ich auf diese Weise erst mit
großer zeitlicher Verzögerung von der
Geburtsstunde unseres Staates erfah-
ren habe. Für unser alltägliches Leben

Evakuierung und Evakuierte

Der Begriff »Evakuierung« kommt vom
lateinischen *evacuare* (ausleeren) und
bedeutet, dass ein Gebiet geräumt wird.
Die Bewohner werden, bis eine Rückkehr
möglich ist, als »Evakuierte« anderswo
untergebracht. Während des Zweiten
Weltkrieges wurden die Menschen aus
Orten, die potenzielle militärische Ziele
waren – zum Beispiel solche in der Nähe
von Industrieanlagen und Munitions-
fabriken – in weniger gefährdete Gegen-

den auf dem Land übersiedelt; meist
waren es nur die Mütter, Großmütter
und Kinder. Die Wohnungszuteilung
übernahm fast immer der Bürgermeister
des aufnehmenden Ortes. Meine
Schwiegermutter musste Würzburg
verlassen und bekam erst eine Wohnung
in Kürnach, dann in Mühlhausen und
schließlich in Burggrumbach zugewie-
sen. Würzburg war während des Krieges
verschont geblieben, doch kurz vor
Kriegsende, am 16. März 1945, ging ein
Bombenhagel auf die Stadt nieder.

hat sich damit nichts verändert. Wir hatten andere Sorgen.

1949 konnten wir uns überhaupt nicht vorstellen, dass wir eines Tages in Würzburg ein eigenes Haus würden bauen können. Worauf sollten wir unsere Hoffnung auch gründen, woher das Vertrauen nehmen? Das Wirtschaftswunder, das die ganze Welt Jahre später bestaunte, begann ganz bescheiden. Mit jeder kleinen Verbesserung der Lebensverhältnisse stieg das Zutrauen und wurde der Wille zum Neuanfang gestärkt – mitten im Chaos« (siehe Seite 7).

... auf den Marshallplan und den allmählichen Aufschwung

»Bald kam mit dem Marschallplan Hilfe von außen dazu, die auch in Burggrumbach, unserer nächsten Station, spürbar war. In den Städten wurden Carepakete verteilt. In unserem Dörfchen mit seiner zweiklassigen Zwergschule machte sich der Marshallplan in Form von Schulspeisungen bemerkbar: Suppe, Müsli, Trockennahrung, Trockenmilch, Kakao, Käse in der Dose ... Diese Unterstützung dauerte nach meiner Erinnerung mehrere Jahre an. Ich bin, wie viele andere Mütter, heute noch dankbar dafür« (siehe Seite 6).

Spürbar aufwärts ging es nach meiner Erfahrung ab 1953. Die Beamten erhielten die erste Gehaltserhöhung. Man konnte zu dieser Zeit bereits Autos, Radios oder gute Kinderschuhe kaufen. Aufgrund von günstigen

Staatsbediensteten-Darlehen und weil uns ein Erbbaurecht eingeräumt wurde, konnten wir 1955 in unser eigenes Haus auf der Sieboldshöhe in Würzburg einziehen. Mit sieben Mädchen; später sollten noch zwei Jungen folgen.

Heute bin ich 89 Jahre alt und 28-fache Großmutter und 21-fache Urgroßmutter. Das ist vielleicht das Erstaunlichste und der größte Unterschied zur Gegenwart: Trotz der beengten Verhältnisse und des Mangels an allen Ecken und Enden gab es viele Kinder – sie waren der Ausdruck unseres Gottvertrauens und einer leibhaftigen Zukunftshoffnung.«

So weit die Schilderungen meiner Schwiegermutter.

1949 kam Paula Gräfs fünftes Kind Maria zur Welt. Auf dem Bild ist Paula mit Tochter Mechthild 1952 zu sehen.

Ein Fleckerlteppich aus Kindheits-
erinnerungen

Es gäbe so vieles zu erzählen ... Aber ich möchte niemanden langweilen. Eine kurze Schilderung über meine Ursprungsfamilie und das Dorfleben in der Zeit zwischen 1948/49 und 1954 soll genügen – ein paar Anekdoten werden die nötigen Farbtupfer beisteuern.

Meine Ankunft auf dem Lande

Auch die heutige Nachbarin meiner Schwiegermutter, Frau Horn, war aus Würzburg evakuiert worden, und

Das erste Foto von mir und meiner bereits 40-jährigen Mutter Ludwina in unserem Garten. Endlich hatten meine Eltern den ersehnten Sohn.

zwar ausgerechnet nach Opferbaum, in mein Heimatdorf in der Nähe von Würzburg mit damals knapp 600 Einwohnern. Fast alle fanden noch ein Auskommen in der Landwirtschaft. Nur wenige arbeiteten in der Stadt, gingen einem Handwerk nach wie Schreiner Adalbert Kess oder betrieben einen Lebensmittelladen wie Eugen Müller und Martin Streng. Bei Letzterem hat sich der Kramerladen heute zu einer Speditionsfirma mit großem Fuhrpark gemausert. Die zwei Akademiker am Ort waren der Geistliche Rat Johann Lambert, ein ehrwürdiger älterer Herr mit unangefochtener Autorität, und Lehrer Gustav Bäuml, den es vom Sudetenland nach Opferbaum verschlagen hatte. Irgendwann kam unsere Lehrerin dazu.

Beim Schreiben dieser Zeilen fällt mir auf: Es stimmt, dass Krieg und Nachkriegszeit das früher geschlossen fränkische und katholische Dorf kräftig durcheinanderwirbelten. Flüchtlinge und Evakuierte kamen aus dem Saarland, aus Berlin und aus dem heutigen Tschechien und brachten ihre Konfession und ihre jeweiligen Bräuche mit. Nun war es aus mit der »geschlossenen« Gesellschaft.

Gerne erzählt Frau Horn von meiner Geburt: »Ich kann mich noch gut daran erinnern, wie du auf die Welt gekommen bist. Das ganze Dörfchen stand Kopf. Denn viele Jahre hat deine Mutter sich danach gesehnt, einem Sohn das Leben zu schenken. Lange hat sie warten müssen.« Ich rechne kurz nach und stelle fest: Bei meiner Geburt war meine Mutter schon knapp 40, mein Vater 47 Jahre alt. Meine jüngste Schwester Maria, die heute noch auf dem Bauernhof meiner Eltern – Ludwina und Vinzenz Weidinger – wohnt, ist 14 Jahre älter als ich. Zwischen ihrer und meiner Entbindung starben drei Geschwister; alle drei waren Frühgeburten und wurden nur wenige Tage alt. Kein Wunder also, dass die Freude über meine Geburt groß gewesen sein muss; denn auch ich war ein Frühchen, aber vital und lebensfähig.

»Dein Vater ist mit einem Pferdefuhrwerk nach Würzburg gefahren und hat dich und deine Mutter aus dem Krankenhaus abgeholt. Das war ein stolzer Tag«, erzählt mir Frau Horn und ergänzt: »Damals waren Autos eine echte Rarität – gerade auf dem Land! Und die Stadt hat ja noch fürchterlich ausgeschaut. Deshalb konnten wir noch nicht zurück.«

Das Fuhrwerk muss Opferbaum am Vormittag erreicht haben; denn von meiner Schwester Maria weiß ich, dass sie in der Schule war und es kaum erwarten konnte, mich zu sehen. In der Pause rannte sie nach Hause. Da waren Mutter und Kind schon wohlbehalten angekommen. Aufgeregt lief sie zurück in die Schule. In der Eile kam es gleich an der Eingangstür zum Schulgebäude zu einem Zusammen-

Diese Postkarte meiner Heimat Opferbaum, ein Nachdruck aus dem Jahr 1988, stammt aus den 40er Jahren – ein Geschenk von Walter Kick.

stoß mit Lehrer Bäuml: »Ich hab ein Brüderchen, Herr Lehrer. Norbert heißt es!« Erst dann bemerkte sie, dass sie eine Respektsperson angerempelt hatte. »Entschuldigung, Herr Lehrer Bäuml. Aber ich freu mich so.« Und schon sprang sie in wenigen Sätzen die Treppe hoch ins Klassenzimmer im ersten Stock, um die frohe Nachricht allen Mitschülern und -schülerinnen zu überbringen: »Ich hab ein Brüderchen.«

Wo wohl meine ältere Schwester Anna zu diesem Zeitpunkt war? Ich habe sie das noch nie gefragt.

Im Kindergarten hinterm Garten

Wenn ich in meinem ältesten Fotoalbum blättere, fällt mir als Erstes auf, wie wenige Bilder aus dieser Zeit sind.

Wer hatte damals schon einen Foto-apparat? Umso wertvoller sind mir diese Bilder heute, sonst blieben die ersten Jahre ein weißer Fleck in meinem Gedächtnis.

Schon das sechste Foto im Album zeigt alle Kinder aus unserem Kindergarten und unsere Erzieherinnen, die damals selbstverständlich Ordensschwestern waren: Schwester Prytulla und Schwester Luitgild. Ich erinnere mich gerne an die beiden. Mir hat es im Kindergarten immer gefallen. Er grenzte unmittelbar an unseren Garten. Wenn die Arbeit drängte, musste man nur die Scheune durchqueren und durch die Wiese laufen, und schon war man da. Meine Mutter oder eine meiner Schwestern nahm mich einfach auf den Arm, klopfte am Kindergartenfenster und übergab mich in bereitwillig ausgestreckte Arme.

Gerade in einem Bauerndorf wie dem unseren blieben wir Kleinsten durch den Kindergarten von Kinderarbeit im größeren Stil verschont, obwohl es auf dem elterlichen Hof natürlich immer etwas zu tun gab. Wir lernten stattdessen Singen, Basteln und Beten. Im letzten Jahr vor dem Übertritt in die Schule ließ man uns eine Art »Vorschule« angedeihen. Während die Kleineren ihren Mittagsschlaf hielten, bekamen wir Aufgaben, um unsere Feinmotorik, die Fingerfertigkeit und die Ausdauer zu fördern. Im Rückblick eine erstaunlich fortschrittliche Idee.

Das Kindergartenfoto lässt mich staunen und macht mir wieder bewusst, wie viele Kinder wir in der Nachkriegszeit in unserem kleinen Dorf waren. Das Bild dürfte aus dem Jahr 1952 stammen. Was mich ebenfalls überrascht, ist die Erinnerung, dass wir damals schon mit Legosteinen Häuser bauten. Sie waren gelb oder rot und viel kompakter und kleiner als die heutigen.

In den Wintermonaten spielten wir Theater auf der »Bühne«, auf der sonst die Pritschen für unseren Mittagsschlaf standen. Leider habe ich davon keine Aufnahmen. Für eine der Aufführungen waren wir als Zwerge mit Zipfelmützen verkleidet; wir schritten oder tanzten um einen Amboss, sangen ein Lied und schlugen mit unseren Hämmern den Takt. Bei einer der Proben war es recht spät geworden, und es war draußen schon dunkel. Als wir fertig waren, öffnete Schwester Luitgild das Fenster, zeigte uns den Sternenhimmel und sang mit ihrer glockenreinen Stimme das Lied *Morgenstern der finstern Nacht*. Das sank ganz tief in meine Kinderseele und inspirierte mich über 50 Jahre später zu einem eigenen Text, einem Gedicht mit dem Titel *Engel der Kindheit*.

So wie in meinem Heimatort waren fast alle Kindergärten in unserer Region organisiert. Sie lagen wie die Krankenhäuser nahezu ausnahmslos in der Obhut von Ordensschwestern. Meist bildeten die Schwestern, in der Regel waren es drei, eine kleine Lebens- und Gebetsgemeinschaft. Eine oder zwei von ihnen betätigten sich als Erzieherinnen. Die Schwester Oberin

Auch wenn ich auf dem Bild (3. von rechts in der 3. Reihe von vorn) skeptisch dreinschaue, behalte ich den Kindergarten als eine glückliche Zeit in Erinnerung. Ordensschwestern zählten damals zum festen Bestand und gaben unserer Erziehung eine christliche Prägung – nicht nur in Franken.

übernahm gleichzeitig die Krankenpflege und leistete bei Notfällen Erste Hilfe. Sie ging dem Ortspfarrer in der Sakristei bei der Messvorbereitung zur Hand und versorgte den Schwesternhaushalt. Unsere kamen vom Mutterhaus in der Ebracher Gasse in Würzburg und nannten sich »Kongregation der Schwestern des Erlösers«. Alle Leute sprachen nur von den »Barmherzigen (Schwestern)«. Im Kloster waren sie zur Erzieherin, Lehrerin oder Krankenschwester ausgebildet worden.

In der Nachkriegszeit sind offenbar, vielleicht unter dem Eindruck der Kriegserlebnisse, vergleichsweise viele junge Frauen in Klöster eingetreten. Aus unserer Klasse wurde Gertrud zur »Sr. Hermana«. Der neue Name signalisiert, dass nun ein neues Leben beginnt – ein Leben, das allein Gott und den Nächsten gewidmet ist. Bei der Vielzahl der Ordenseintritte müssen irgendwann die allgemein üblichen Namen ausgegangen sein. Nur so ist es zu erklären, dass junge Menschen so ungewöhnliche Namen erhielten wie Prytulla und Luitgild. Zwei meiner Tanten entschieden sich ebenfalls für das Ordensleben und hießen fortan Schwester Rotana und Schwester Clodesinde.

Hofgeschichten

Bevor ich vom Leben auf dem Bauernhof meiner Eltern spreche, muss ich erzählen, wie mein Vater zu ihm gekommen ist. Mein Vater hatte wirklich Glück; denn eigentlich war er nur einer von mehreren Knechten auf dem Hof mit der Hausnummer 37 und wäre es unter normalen Umständen wohl ein Leben lang geblieben. Aber es kam anders!

»Die Hofrat« meint im Fränkischen den Bauernhof und alles, was noch dazu gehört an Gebäuden, Äckern, Knechten und Mägden. Dass unser Hof »die schönste Hofrat weit und breit« war, erzählte meine Mutter oft. Der Erbauer und Besitzer des äußerst

Das Brautpaar Ludwina und Vinzenz Weidinger am 5. Mai 1931 in fränkischer Tracht. Beide geben ein gutes Bild ab.

stattlichen Anwesens aus Bruch- und Sandsteinen hieß Adam Walter. Ein Mann, den viele Schicksalsschläge trafen: Ihm starben zwei Frauen und zwei Söhne. Der eine ertrank im Main, der andere überlebte einen Blinddarmdurchbruch nicht. Die dritte Frau des stolzen Hofbauern war eine ältere Schwester meines Vaters aus dem Nachbarort Dipbach. Doch die Ehe blieb kinderlos. Somit hatte Adam Walter keinen Stammhalter. Offensichtlich legte mein Vater große Geschicklichkeit an den Tag und überzeugte durch seine landwirtschaftlichen Kenntnisse und seine Tüchtigkeit im Stall und auf dem Feld; denn eines Tages machte ihm Adam Walter, der in die Jahre gekommen war, das Angebot, den Hof zu übernehmen. Dass nach fränkischem Erbrecht die nahen Verwandten im Dorf ihren Anteil an den Äckern bekamen, schmälerte nicht die Freude meines Vaters – wohl aber die wirtschaftliche Überlebensfähigkeit des Hofes. Damals ahnte man es nur noch nicht.

Durch Vermittlung eines »Schmusers«, eines Heiratsvermittlers, der eng mit dem Heimatpfarrer meiner Mutter im zehn Kilometer entfernten Rundelshausen zusammenarbeitete, lernten sich meine Eltern kennen. Das war gang und gäbe in dieser Zeit. Meine Eltern fanden Gefallen aneinander, 1931 heirateten sie. Eines der wenigen vorhandenen Fotos zeigt beide am Tag ihrer Eheschließung in der damals üblichen fränkischen Hochzeitstracht.

Aufgrund von Herzrhythmusstörungen blieb mein Vater als einer der wenigen Männer im Ort vom Wehr- und Kriegsdienst verschont. Dafür musste er auf vielen Höfen einspringen, wenn es hart auf hart ging und im wörtlichen Sinne Not am Mann war, etwa wenn eine Kuh kalbte oder ein Schwein Junge warf. Echte »Maloche« – und der Gesundheit wahrscheinlich auch nicht gerade zuträglich. Aber wer fragte in jener Zeit schon danach? In der Rückerinnerung fällt mir übrigens auf, dass jiddische Wörter wie »Maloche« heute viel seltener zu hören sind als im Dorf meiner Kindheit. Möglicherweise liegt es daran, dass man bis 1933 mit den jüdischen Menschen im Nachbarort Schwanfeld noch regelmäßig Kontakt hatte.

Als später Nachzügler war ich sicherlich von Anfang an der Augenstern sowohl meines Vaters als auch meiner Mutter, ihr »Ein und Alles«. Meine Schwestern neideten es mir nicht, sondern erprobten an mir früh ihre mütterlichen Qualitäten. Papa erschloss mir bei langen Sonntagsspaziergängen durch Wald und Flur die Welt, nahm mich mit in die Dorfkirche und setzte mich neben sich auf den Leiterwagen, wenn er zur Feldarbeit fuhr. Traktoren waren damals noch der absolute Ausnahmefall. Meine Eltern hatten nur zwei Pferde, mein Schwager Josef schaffte dann einen »Bulldog« (Traktor) an. Die Pferde, zwei kräftige Ackergäule, hegte und pflegte mein Vater liebevoll. Vor anstrengenden Arbeiten gab er ihnen

Aus Waltraud Friedrichs Fotoalbum: Gustav Sauer und Willi Hammer 1948 bei einer Schlittenfahrt in Opferbaum.

eine Extraportion Hafer, und wenn sie irgendwo längere Zeit verschwitzt stehen mussten, legte er ihnen eine Decke über.

Erinnerungen an den Vater

Im Winter – den gab es damals tatsächlich noch! – holte mein Vater den Pferdeschlitten aus dem Heustadel. Er putzte die Tiere fein heraus, mit einem Geläut auf dem Kopf. Wir stellten heiße Wärmflaschen unter unsere Füße, wickelten uns in dicke Decken, und los ging es im Trab durch die zauberhafte Winterlandschaft. Überall glitzerten die Schneekristalle, und die Pferde machten übermütige Sprünge aus Freude darüber, dass sie wieder einmal richtig Auslauf bekamen, statt immer nur im Stall zu stehen.

Dieses Winterabenteuer war für mich mindestens so schön wie eine Flugreise ins eisige Grönland.

Im Mai fuhren wir mit einer blitzblanken Pferdekutsche, die der Stolz meines Vaters war, zu seinen Geschwistern nach Dipbach: zu Onkel Karl, Julius, Nikolaus und Tante Isabella. Onkel Karl erzählte immer atemberaubende Kriegsgeschichten – er war als Fahrer eines Sanitätswagens in Russland gewesen. Ihn mochte ich besonders. Auf dem Rückweg hielten wir im Schwanfelder Wald und pflückten Maiglöckchen. Zum Abschluss schmückten wir Kutsche und Pferde mit frischem Birkengrün und fuhren durchs ganze Dorf wieder nach Hause.

Eines Tages passierte dann das Unglück mit dem »Pflugswägele« (Wagen für den Pflug). Ich war vier Jahre alt und gerade zurück vom Kindergarten. Da hörte ich auf der Dorfstraße meinen Vater mit dem Pferdefuhrwerk. Er kam vom Pflügen nach Hause. Das Hoftor stand nur halb offen, sodass die Pferde anhalten mussten. Ich rannte fröhlich hinaus, trat mit meinen kurzen Beinen in die Speichen des kleinen Pflugwägelchens, um auf die niedrige Ladefläche und zum Sitz zu gelangen; denn ich wollte das letzte Stück in den Hof mitfahren. In diesem Augenblick hatte mein Vater das Tor ganz geöffnet. In der Aussicht, nach der anstrengenden Arbeit mit frischem Wasser und Futter belohnt zu werden, liefen die beiden Pferde einfach los, ohne das »Hüjo« meines Vaters abzuwarten.

Dann ging alles sehr schnell. Mein Vater rief noch »Brr! Brr!« – zu spät! Noch in den Speichen stehend, riss mich die plötzliche Vorwärtsbewegung zu Boden, und ich geriet unter den Wagen. Mein Vater schrie vor Schreck, und ich natürlich erst recht – aus Leibeskräften. Ich lag am Boden und blutete. Für die Pferde gab es kein Halten, sie wollten in ihren Stall. Mein Vater ließ alles liegen und stehen und trug mich auf seinen Armen zur Schwester Oberin. Aber zum Glück war gar nicht so viel passiert. Allerdings habe ich seither zwischen Oberlippe und Nase eine kleine Narbe, einen Riss, der niemals mehr ganz zuheilte.

In der Erinnerung an meinen Vater zeichnet sich dieser besonders durch sein handwerkliches Geschick aus. Die Räder meines früheren Kinderwagens verwendete er zum Beispiel beim Bau eines kleinen Holzschubkarrens. Damit konnte ich schon bald alleine zum Bäcker fahren und Brot kaufen. Ich bekam ein kleines Heft für den Eintrag des Bäckers und 20 oder vielleicht auch 25 Pfennige. Ich habe mich immer gewundert, warum Brot so wenig kostete, bis ich erfuhr, dass mein Vater regelmäßig einen Sack von unserem eigenen Mehl zum Bäcker brachte. Die 20 oder 25 Pfennige waren also die Backgebühr.

In meinen Augen war Papa der Größte, ein Alleskönner. Aus zwei kaputten Damenfahrrädern wurde unter den Händen meines Vaters flugs ein neues ganzes. Vorder- und Hinterrad waren gegenüber dem Fahrradrahmen aber eigentlich zu klein, sodass die Pedale in der Kurve leicht am Straßenbelag streiften. Einmal bin ich deshalb auf dem Rückweg von Rundelshausen fürchterlich gestürzt. Ich habe mich bergab mehrfach überschlagen. Meine Mama, die hinter mir fuhr, stand Todesängste aus. Wir mussten damals zu Dr. Brähler nach Werneck gehen, so schlimm hatte es mich erwischt.

Einen Gefährten muss ich noch erwähnen, wenn ich von unserem Hof erzähle: Neben vielen anderen Tieren lebte dort auch Molli, ein alter Hund. Er war eine echte Wald- und Wiesenmischung. Aber Molli und ich waren ein Herz und eine Seele. Eines Abends dauerte es mir offensichtlich zu lange bis zum Essen. Meine Mutter fütterte die Schweine und füllte auch den Hundenapf mit einer großen Portion warmer Kartoffeln. Da setzte ich kleiner Stöpsel mich unbemerkt zu Molli vor die Hundehütte, und wir beide teilten alles ganz friedlich miteinander. Keiner kam zu kurz, und ich nahm keinerlei Schaden – trotz der Missachtung jeglicher Hygienevorschriften. Damals lebte und ernährte man sich einfach gesünder, zumindest fast ohne Chemie.

Kehrt Onkel Eduard wieder heim?

Von meinen Großeltern durfte ich nur noch eine Oma kennenlernen. Mein Opa, der Bürgermeister von Rundelshausen, verunglückte 1944 tödlich am Bahnhof in Waigolshausen. Beim Verladen einer Fuhre Kartoffeln stürzte er mit dem schweren Sack zwischen sein Fuhrwerk und einen Eisenbahnwaggon. Er war sofort tot. Aber von ihm habe ich wenigstens ein Foto – von meinen Dipbacher Großeltern nicht. Ihnen bin ich nie begegnet. Sie waren bedauerlicherweise auch schon vor meiner Geburt gestorben.

Meine einzige Oma habe ich sehr geliebt, auch wenn sie wegen ihres hohen Alters nicht viel mit mir spielen konnte. Meine Mama hat mich oft auf dem Kindersitz ihres Fahrrads bergauf und bergab zu ihr gebracht. Unterwegs haben wir im Sommer Walderdbeeren gesammelt.

Zur frommen Erinnerung im Gebete an meinen lieben Gatten, unseren lieben, guten Vater, Schwiegervater, Großvater, Bruder und Onkel, Herrn

Ludwig Sauer

Bürgermeister
und Obmann der Feldgeschworenen

geb. am 23. Aug. 1874 zu Rundelshausen; gest. am 22. August 1944 infolge eines Unglücksfalles in Waigolshausen.

Liebes, teures Vaterherz
Schmerzlich war für uns dein Scheiden
Doch du zogst ja himmelwärts
Segnest täglich noch die Deinen
Die du hier so sehr geliebt
Bis wir fröhlich uns vereinen
Dort wo's keine Trennung gibt.

Gütigster Herr Jesus, verleihe ihm die ewige Ruhe! (300 Tage Ablaß)

Fränk. Ges.-Druckerei Würzburg

Keinen meiner beiden Großväter durfte ich kennenlernen. Umso mehr halte ich das Sterbebild meines »Rundelshausener Opas« in Ehren.

Manchmal durfte ich ein paar Tage bei meiner Oma verbringen. Das tat ich gern, nicht zuletzt wegen meiner Cousins, Josef und Eduard junior. Sie spielten beide Trompete und trieben immer ihre Späße mit mir.

Es muss 1955 gewesen sein, in dem Jahr, als Konrad Adenauer in Moskau Verhandlungen führte, um die Freilassung der letzten deutschen Kriegsgefangenen zu erwirken. Vom Bruder meiner Mutter, Onkel Eduard, fehlte bislang, zehn Jahre nach Kriegsende, noch immer jede Spur. Aber nun keimte bei Tante Johanna – seiner Frau – und bei anderen betroffenen Familien im Dorf wieder Hoffnung auf. Es tat sich etwas. Abend für Abend zu einer bestimmten Zeit verlas eine monotone Männerstimme im Radio die Namen von Heimkehrern oder von Soldaten, von denen es kein Lebenszeichen gab, über die aber einer

der Spätheimkehrer etwas Neues zu berichten wusste. Was ist schwerer zu ertragen als die ständige Ungewissheit, wenn man als alleinerziehende Frau mit drei Kindern den Hof über Wasser halten muss? Wir standen beim Nachbarn vor dem Fenster und lauschten der eintönigen Stimme – eine ganze Woche voller Hoffen und Bangen. Wenn die Sendung zu Ende war, ohne dass der Name Eduard Sauer zu hören war, verfiel meine Tante in lautes Wehklagen. Das schnitt mir tief in die Seele. Wenn ich später in der Bibel von Klageweibern las, musste ich immer an Tante Johanna denken. Leider kehrte Onkel Eduard nie zurück. Wie viele andere Kriegsteilnehmer blieb er vermisst.

Schultage und Festtage

Die Erinnerungen an meine Grundschulzeit sind über die Jahre schon ziemlich verblasst. Woran ich mich noch entsinne? An Festtage natürlich. Daran, dass ich manchmal bei meiner Lehrerin einen weniger guten Eindruck hinterlassen haben muss. Und an einige Erlebnisse, die in meinen Augen sinnbildlich sind für die Mentalität der damaligen Zeit und der Gegend, in der ich aufgewachsen bin.

Besondere Erlebnisse waren für mich die Einführung des neuen Pfarrers sowie die Hochzeiten meines Taufpaten Hermann und die meiner beiden Schwestern. Die ältere, Anna, heiratete ihren Bruno 1954. Ich durfte

Ein Fall für den Denkmalschutz und typisch für Franken sind Fachwerkhäuser. In der Holzmühle feierten wir den 86. Geburtstag von Paula Gräf.

die Brautkerze tragen, Waltraud die Ringe. Meine Eltern kauften mir extra für diesen Anlass einen Matrosenanzug. Es war ein sehr schönes Fest. Abends fuhren wir zum Fotografieren mit einem Auto nach Würzburg und besuchten »Tante Schwester Clodesinde« im Kloster. Beim Fotografen stellte Anna fest, dass sie ihren Brautstrauß vergessen hatte. Heute würde jeder schnell die 20 Kilometer zurückfahren, um ihn zu holen. Damals dachte niemand von uns daran – so etwas Ungewöhnliches war Autofahren.

Bei der Hochzeit von Maria, meiner anderen Schwester, und Josef kamen enorm viele Gäste. Beide engagierten sich nämlich in der katholischen Landjugendbewegung; Maria war Diözesanjugendführerin. Es geschah etwas in Opferbaum nie Dagewesenes: Auf dem Weg zur Kirche schossen die Jugendfreunde von Josef mit kleinen Kanonen ein Salut. Ein Höllenlärm am Himmel! Das fanden wir furchtbar aufregend. Den Opferbaumer Tauben ging es nicht anders. Sie flogen wild hin und her und konnten sich kaum mehr beruhigen.

Ach ja, und in die Schule bin ich natürlich auch gegangen ... Ich erinnere mich noch gut an einen Schulratsbesuch. Ich hatte mir vorgenommen, mein Bestes zu tun, damit unsere Lehrerin Gertrud Breszinski – sie kam übrigens aus Berlin – eine gute Bewertung bekommt. Außerdem würde Pfarrer Ruf ebenfalls anwesend sein, und meine Mutter wollte doch, dass ich Latein lerne und Priester wer-

de! Wir mussten Uhrzeiten von einem Zifferblatt ablesen. Offensichtlich beherrschte ich die Sache nicht. Ich erhielt Redeverbot und wurde nicht mehr drangenommen. Das war die absolute Höchststrafe!

Das Hochzeitsfoto von Bruno Klüpfel und meiner Schwester Anna vom 16. November 1954. Ich durfte die Brautkerze tragen.

Bei der Hochzeit von Josef Hell mit Maria am 5. Mai 1958 fühlte ich (rechts von Josef) mich für die Kerze schon zu groß.

Zu Frau Breszinski fällt mir noch eine Begebenheit ein. Unsere Lehrerin hatte Verwandte in Paris. Nach einem Manöver von französischen und amerikanischen Soldaten in Opferbaum bettelten wir um Kaugummis. Bisher war uns Derartiges vollkommen unbekannt gewesen. Aber als sie uns die ersten Päckchen aus den Militärfahrzeugen zugeworfen hatten, konnten wir nicht genug bekommen. Wir wollten immer mehr haben. Wenige Wochen später erhielt Frau Breszinski Post aus Paris. Beigelegt waren einige Zeitungsbilder von den »Opferbaumer Bettelsäcken«. Reinhard, Manfred und ich waren ganz deutlich zu erkennen, wie wir den Soldaten die Hände entgegenstreckten. Unsere Lehrerin war sehr erbost.

Trotzdem gingen wir nach jedem späteren Manöver wieder auf den Eichelberg und durchkämmten den Wald nach zurückgebliebenen Essensdosen mit Fleisch, Dauerbrot, Kräckern oder Trockenmilch, und vor allem nach Kaffee und Schokolade. In

Ein unvergesslicher Tag in meinem Leben bleibt die Erstkommunion am 28. April 1958. Schade, dass meine Schwester Anna fehlt.

den 50er-Jahren war jeder Fund dieser Art ein Riesenschatz.

Schulausflüge haben wir auch gemacht. Der weiteste führte uns zum Flughafen in Frankfurt am Main. Im Vergleich zu heute war das nur ein Flughäfelchen: eine große freie Fläche mit einer Start- und Landebahn und nur wenigen Gebäuden. Der Bus brachte uns bis unmittelbar vor den Zaun, und schon hatten wir freie Sicht auf den Flugverkehr. Wie der sich seither verändert hat, ebenso die Flugzeuge – es ist schier unglaublich!

Ein Ereignis in der Volksschulzeit, das mir bis heute sehr viel bedeutet, war für mich die Erstkommunion. Bei der Vorbereitung erhielten wir etwas ganz Außergewöhnliches: eine Zeitschrift mit Kommuniongeschichten. Einmal ließ Pfarrer Ruf auf sich warten. Wir machten Quatsch im Treppenhaus der Schule. Unverhofft stand er vor uns und hat uns ziemlich angebrüllt. Das war fürchterlich. Wir schämten uns so. Aber es war ja schon zu spät. Den Tag der Erstkommunion habe ich dann allerdings richtig genossen. Es war für mich auch spirituell ein tiefes Erlebnis, das mich immer noch trägt. Ich war sehr glücklich. Alle waren so lieb zu mir.

Danach wurde ich Ministrant. Einmal nach der Frühmesse am Sonntag ging ich mit Eugen nach Hause. Es gab Malzkaffee und Milch, wie bei uns zu Hause; dazu – weil es Sonntag war – Weißbrot, nicht Grau- oder Schwarzbrot wie an Werktagen. Ich fragte Eugens Oma, ob ich auch etwas Marmelade haben könnte. Da rief sie empört: »Was!? Weißbrot und auch noch etwas drauf?« Bei uns daheim machten wir das so. Aber für Eugens Oma war das anscheinend eine unvorstellbare Verschwendung.

Uns erreicht der Fortschritt

Abschließend wage ich noch einen Rückblick auf den Lebensstandard und Lebensstil unserer Familie und der Menschen um uns herum. Wir hatten zwar ein großes Haus aus fränkischem Sandstein, aber bis zur Hochzeit meiner Schwester Maria kein Auto oder Motorrad; wir hatten keinen Bulldog, aber im Unterschied zu manchen »Kuhbauern« im Dorf besaßen wir Pferde. Irgendwann fuhr Maria zu ihren Jugendverbandssitzungen mit einem lichtblauen Miele-Moped. Das war der Wahnsinn! Entschieden toller war es aber, wenn mich mein Schwager Bruno auf sein Motorrad, eine »DKW«, packte und mit mir durch die fränkische Landschaft fuhr. Das war für mich Luxus pur. Einfach atemberaubend. Ich saß sicher die ganze Zeit über mit einem Grinsen, das von einem Ohr bis zum anderen reichte, auf dem Sozius. Umweltschutz? Noch kein Thema!

Auch Radio oder Telefon fehlten in unserem Haushalt. Aber jeder von uns hatte ein eigenes Zimmer. Das hatten nicht alle meine Klassenkameraden. Unsere »gute Stube« nutzten wir allerdings nur an Weihnachten,

Ende der Erntezeit 1953, die Dreschmaschine mit allen fleißigen Helfern und Helferinnen. Staub macht durstig!

am Fest unseres Kirchenpatrons Lambertus – bei uns hieß er der »dicke Tag« –, oder wenn die Dreschmaschine kam und alle futterten wie die sprichwörtlichen Scheunendrescher. Das alltägliche Leben spielte sich einschließlich der (für mich als Kind unendlich langen) Gebete an den Winterabenden fast ausschließlich in der Küche ab. Maria und Josef bauten sie für die größer werdende junge Familie zur damals üblichen Wohnküche um – das war das Nonplusultra. Insgesamt hatten wir nicht das Gefühl, mittellos zu sein. Wir hatten ja sogar ein Klavier, das Papa auf dem Pferdefuhrwerk aus dem zerbombten Würzburg herbeigeschafft hatte. Es ging uns wirklich gut, auch wenn ich mitbekam, dass meine Eltern ständig sparten, um mir den Weg zum Studium offenzuhalten.

Erste Schritte in die weite Welt

Auch heutzutage macht es natürlich noch einen Unterschied, ob man auf dem Land oder in der Großstadt aufwächst. Dennoch glaube ich, dass es in meiner Kindheit auf dem Land noch »ländlicher« zuging als heute. Während heutzutage beispielsweise viele Menschen aus den Dörfern zum Arbeiten in die nahe gelegenen Städte pendeln, war das dörfliche Milieu meiner Kindheit noch weitaus stärker von der Landwirtschaft geprägt.

Die höhere Schule

Wer 1958/1959 auf dem platten Land eine höhere Schule besuchen wollte, hatte nur eine Chance: Er musste sich in einem der vielen Internate in der

Wovon ich (oben, 3. von links) zu Hause nur träumen konnte, fand ich im Internat St. Ludwig: eine elektrische Eisenbahn.

Trägerschaft der evangelischen Kirche, des katholischen Ortsbischofs oder einer Ordensgemeinschaft anmelden und hoffen, dass er mit seinem Zeugnis in die engere Auswahl kam. Dann folgte die Aufnahmeprüfung. Es gab keine Schulbusse und keine Bahnverbindungen, die alternativ die tägliche Fahrt zu einem der wenigen Gymnasien in Würzburg erlaubt hätten. Im Nachhinein betrachtet ist das der Beweis für den Bildungsnotstand dieser Jahre (siehe Seite 14). Zum Glück habe ich alle Hürden genommen.

Im September 1958 brachten mich meine Schwester Maria und meine Mutter, ausgestattet mit einem Federbett, Kleidern und meiner Schultasche, in das Kloster St. Ludwig, jenseits des Mains, nur neun Kilometer von Opferbaum entfernt. Es war ein schwerer und gleichzeitig hoffnungsvoller Abschied vom Elternhaus, mit der Aussicht, täglich Fußball spielen zu können, Freizeit zu haben, Bücher lesen zu dürfen, Musikunterricht zu bekommen und Latein zu lernen. An Letzterem war vor zwei Generationen der Karrieresprung meines Rundelshauser Opas in der ersten Gymnasialklasse vorzeitig gescheitert. Umso angstvoller verfolgte meine Mutter meinen Übergang in den neuen Lebensabschnitt: »Und bat fleißi und larn fei schö! Und mach uns kee Schand!« – auf Hochdeutsch: »Und bete fleißig und lerne schön! Und mach uns keine Schande!« –, gab sie mir deshalb als mütterliche Ermahnung mit auf den Weg.

Wie ein Keulenschlag traf mich, kaum dass meine Mutter und meine Schwester sich verabschiedet hatten, das Heimweh. Denn jetzt erst spürte ich handgreiflich die Leere neben mir. Alles war neu. Ich kannte noch keinen einzigen meiner 36 Mitschüler. Einige tummelten sich schon auf dem Sportplatz. Eben wollte ich mich auch dorthin aufmachen. Aber gerade in diesem Augenblick sah ich meinen Opferbaumer Klassenkameraden Manfred und seinen Vater in der Ferne mit einem Traktor das Heu von einer der Mainwiesen nach Hause fahren. Am liebsten wäre ich hinterhergerannt und mit zurückgefahren. Nichts ist schlimmer als Heimweh. Aber allmählich wurde es durch die vielen neuen Dinge, die meine Aufmerksamkeit auf sich zogen, vertrieben. Die Benediktinerpatres Ludger und Romanus kümmerten sich um uns. Ein älterer Internatsschüler sorgte als *socius* dafür, dass wir die richtigen Wege und den Einstieg in den streng ritualisierten Tagesablauf fanden.

Anfangs meisterte ich die schulischen Anforderungen nur mit »Hängen und Würgen«; sowohl in Mathematik als auch in Deutsch hatte ich Probleme. Mein erster Deutschaufsatz war von roten Korrekturzeichen übersät und kaum noch zu benoten; denn zu Hause hatten wir nur unseren fränkischen Dialekt gesprochen, in dem es

Klassenfoto 1958/59 mit Klassleiter P. Romanus Kölbl OSB. Ich sitze rechts außen in der vorderen Reihe.

nur ein »weiches« B und D gibt. Das »harte« P und T war mir noch nie bewusst untergekommen. Heute möchte ich fast das Wort Kulturschock für diese ersten Wochen gebrauchen. Denn ich musste natürlich auch erst lernen, wie man richtig mit Messer und Gabel isst und eine Serviette gebraucht, oder dass wir uns vor dem Gebet in Reih und Glied aufstellten und dann erst in die Kirche einzogen.

Meine Pünktlichkeit ließ offensichtlich sehr zu wünschen übrig. Da wandte Pater Ludger einen interessanten Trick an. Er ernannte mich zum »Glöckner« – wenn auch nicht von »Notre Dame«. Als einer von zwei Zöglingen war ich für die Zeitzeichen der Gemeinschaft verantwortlich – ausgenommen das Wecken am Morgen. So musste ich stets auf die Uhrzeit achten; denn wehe, ich verschob den 45-

Minuten-Takt der Lateinstunde nach hinten! Dann hagelte es Proteste, selbst von meinem Freund Leon, der aus der Pfalz kam und mit ganz ähnlichen Problemen zu kämpfen hatte.

Ob ich auch zu wenig gebetet habe? Ich weiß es nicht. Jedenfalls wurde ich im Jahr darauf zu einem der Vorbeter beim Gottesdienst ernannt. Möglicherweise lag es aber nicht an meinen Gebeten, sondern an meiner höchst mangelhaften Lesekompetenz. Aber auch diese besserte sich schlagartig – und auch mein Rechnen! –, als Pater Otto mir bei einem der jährlichen Theaterstücke – meist waren es Musikspiele mit einem kleinen Orchester – eine der Hauptgesangsrollen übertrug. Ich bekam mehr Selbstvertrauen, und der Durchbruch war geschafft. Heute, da ich selbst Theologie und Erziehungswissenschaften studiert habe, kann ich rückblickend nur sagen: Hut ab vor dem pädagogischen Takt der Patres. Allerdings ist mir erst später, als ich einige Jahre lang selbst das Ziel verfolgte, Mönch zu werden, klar geworden, dass unser Tagesablauf und die Philosophie unseres Internats im Wesentlichen der berühmten Regel des heiligen Benedikt folgte – mit wenigen Abstrichen. Wenn heute sogar Manager Seminare bei Pater Anselm Grün besuchen (der drei Jahrgangsstufen über mir das gleiche Internat durchlief), um sich in ihrem Geschäftsgebaren und in ihrer Lebensgestaltung inspirieren zu lassen, kann diese Schule Benedikts so schlecht nicht sein.

Die drei Jahre in St. Ludwig vergingen wie im Flug. Ich hatte mich gemausert und kam im Unterricht gut mit. Latein machte mir Spaß.

Während des Schuljahres durfte niemand von uns nach Hause fahren, das war auf die Ferienzeit beschränkt. Leon musste vor den ersten Weihnachtsferien schon um 5 Uhr früh aufstehen, um einen Zug zu erreichen, mit dem er vor Einbruch der Nacht in Landau in der Pfalz ankam. Das war auch für mich das Startsignal. Ich machte mich beim ersten Morgenlicht auf die Socken, fuhr mit der Fähre über den Main, lief und lief und lief (ohne Koffer) und stand mit klopfendem Herzen um 7 Uhr morgens bei meinem Papa im Kuhstall. Das war ein Wiedersehen – wie Weihnachten, Ostern und Pfingsten an einem Tag. Ich war wieder daheim. Alle freuten sich, und – so blieb es ein Leben lang, wenn ich nach Hause kam – man hatte gleich Arbeit für mich. »War doa id un am Disch sidzd, werd a bei de Arwed midgezäild«, lautete der durchaus nachvollziehbare Leitspruch meiner Eltern. Auf Hochdeutsch: »Wer da ist und am Tisch sitzt, der wird auch bei der Arbeit mitgezählt!« Es gab auch für mich, »des kleene Studandla« – das kleine Studentchen –, keine Sonderkonditionen.

Tasten nach der Wahrheit

»Eine Wahrheit, die dich betrifft, kommt dir auf zwei Beinen entgegen« (Adolf Exeler) – diese Erfahrung kann ich bestätigen. In der nach alter Zäh-

Seminarfoto der 8. und 9. Klasse 1961/62 vor der Abteikirche Münsterschwarzach mit Abt Bonifaz Vogel (unten mit Kreuz) und P. Sales Hess OSB (links daneben), dem Autor von Dachau – eine Welt ohne Gott. *Ich stehe hinter P. Edmund und P. Otto (2. Reihe, rechts außen).*

lung vierten, nach neuer Zählung achten Klasse des Gymnasiums mussten wir alle für zwei Jahre in die Abtei Münsterschwarzach wechseln – zum Glück auch mein Freund Leon. Nun kam Altgriechisch dazu, und wir hatten andere Lehrer, aber weiterhin nur Patres. Im Unterschied zu der Zeit in St. Ludwig waren wir nun heftig pubertierende Halbstarke, und wir lebten nicht mehr abgeschieden auf der grünen Wiese, sondern mitten in einer Abtei mit über 150 Mönchen jeden Alters und mit vielen Angestellten – auch jungen Frauen – in den Betrieben, von der Küche über die Druckerei

und die Verwaltung bis zur Missionsprokura und zur Landwirtschaft. Ob ich es wollte oder nicht, ich musste mich ständig mit der Frage auseinandersetzen: Wo finde ich in dieser Welt den passenden Platz für mich? Es war zwar noch ein weiter Weg bis zum Abitur, und ich hatte es noch lange nicht in der Tasche. Aber doch sah ich mich durch mein Umfeld ständig mit der Frage konfrontiert: Willst du auch einmal so leben?

Ich will aus dem Vielerlei dieser Jahre nur zwei Dinge herausgreifen und von drei Personen erzählen, die mich sehr geprägt haben: Bruder Cornelius (der leibliche Bruder meines Schwagers Josef), unser Erzieher Pater Edmund Raps und Pater Dr. Sales Hess, unser Direktor und Verfasser des Buches *Dachau – eine Welt ohne Gott*.

Erst im Laufe der Jahre wurde mir bewusst, was für einen guten väterlichen Freund ich in Bruder Cornelius gewonnen hatte. Er hatte im Klosterleben aufgrund seiner Menschenkenntnis und Lebenserfahrung eine hohe Position, auch in der Klosterverwaltung. Dennoch fand ich bei ihm stets ein offenes Ohr. Er nahm sich einfach die Zeit, auch wenn er sie eigentlich nicht hatte. Was immer mich in diesen wirren Jahren zwischen 1961 und 1963 innerlich umtrieb, ärgerte, begeisterte, verwirrte: Mit ihm konnte ich die Fäden entwirren, die Knoten lösen. Gerade weil meine Eltern weit weg waren und auch ein ganz anderes Leben führten, war er eine wichtige Anlaufstation, etwa wenn ich dagegen aufbegehrte, dass ich in den Ferien immer zu Hause arbeiten sollte. Ich wollte lieber

wie die anderen in der Klasse wegfahren, etwas sehen von der Welt – aber ich hatte gar kein Geld und meine Eltern nur wenig. Ich glaube, von ihm habe ich gelernt, wie wichtig es ist, Kompromisse einzugehen, ohne sich selbst ganz aufzugeben. Von ihm habe ich mir sozusagen am lebenden Modell abgeschaut, was es heißt, auf seine innere Stimme zu hören. Ich versuchte nach dem zu handeln, was ich glaubte verstanden zu haben, und meine eigenen Erfahrungen zu sammeln – manchmal mit mehr, manchmal mit weniger Erfolg.

Pater Edmund war gleichzeitig unser Sport-, Kunst- und Geschichtslehrer. Seine »Bude« und sein dicht mit Kunstbüchern und -drucken bestücktes Regal waren uns jederzeit zugänglich. Stundenlang konnten wir in unserer Freizeit zu zweit oder dritt bei ihm sitzen und uns mit den Impressionisten, den *Blauen Reitern* und anderen auseinandersetzen. Hier erschloss sich mir eine ganz neue Welt. Ich lernte meine heimatlichen Scheuklappen abzulegen: »Das soll Kunst sein? Da ist doch nichts zu erkennen! Haben die überhaupt ihr Handwerk gelernt?« Es gab eine Menge zu erkennen und zu entdecken – nicht zuletzt den weiblichen Körper. Wo sonst hätte ich Gelegenheit dazu gehabt? Zielsicher hatte ich das einzige Schlupfloch gefunden, welches mir das Internatsleben unter lauter Männern ließ.

Allerdings trug sich auch ein ganz anderes einschneidendes Erlebnis in Pater Edmunds Bude zu: Ich entdeckte

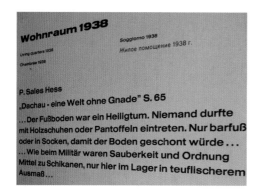

Auf den Museumstafeln in der KZ-Gedenkstätte Dachau haben die Museumspädagogen den Titel des Buches geändert. Warum?

einen Bildband über Auschwitz und die Judenvernichtung – Männer, Kinder und Frauen werden aus Waggons getrieben, müssen sich vollständig entkleiden und werden nackt in die Gaskammern gepfercht … Damit hatte mich noch nie jemand konfrontiert. Dabei hatten wir einen Zeitzeugen mitten unter uns, einen, der selbst Häftling im Priesterblock des KZ Dachau gewesen war: Pater Sales Hess.

Unser Direktor, Pater Dr. Sales Hess, wirkte auf uns wie ein Weiser. Er unterrichtete Griechisch, Latein und Stenografie und galt als unbestechlich in seiner Notengebung. An seinem Namenstag gab es – wie bei den anderen Lehrern – ein Ritual: Wir stellten einen großen Ohrensessel vor die Tafel und brachten Kuchen mit, den wahrscheinlich eine unserer Mütter gebacken hatte. Pater Sales wollte nicht zum Märtyrer hochstilisiert werden und äußerte sich deshalb äußerst sparsam über die Jahre im KZ. Aber an seinen Namenstagen gab er unserem Drängen nach, las uns einige Passagen aus seinem Buch *Dachau – eine Welt ohne Gott* vor und begann dasjenige zu erläutern, was nur zwischen den Zeilen dieses Berichts zu lesen war. Wie alle Pubertierenden versuchten wir natürlich zum Angriff überzugehen. Aber unsere Pfeile trafen nicht. Er hielt uns immer nur einen Spiegel vor: Wo seid ihr selbst nur Mitläufer, wo folgt ihr blind? Klar war für mich: Die braune Vergangenheit darf nicht weiter verdrängt werden. Als die 68er-Bewegung einsetzte (siehe Seite 16–21),

Energischer Einsatz als Torwart beim Spiel um die Ehre zwischen den Internaten St. Maurus und St. Benedikt in St. Ottilien (Obb.).

die sich dies ebenfalls auf die Fahnen schrieb, war ich jedoch auch gegen unkritische Begeisterung gewappnet. Ich hatte gelernt, dass blinder Gehorsam und blindes Mitläufertum vor einigen Jahrzehnten schon einmal mitten in die Katastrophe geführt hatten.

Während meiner Zeit im Internat begann in Rom das Zweite Vatikanische Konzil. Papst Johannes XXIII öffnete die Kirche für das *aggiornamento,* für die Erneuerung der Institution, für neue Gedanken, für frischen Wind. Wir erlebten die Eröffnung des Konzils staunend vor dem Fernseher mit. Ein alter Pater sagte: »Da würde ich KP-Chef Chruschtschow einen Ehrenplatz zum Zuschauen wünschen.« Was er sich davon erhoffte? Vielleicht etwas wie eine Bekehrung, einen Nachahmungseffekt in Richtung einer Öffnung (siehe Seite 24–25).

Unser Religionslehrer, Pater Stephan Amon, nahm als Sekretär eines Missionsbischofs am Konzil teil. Ich schrieb ihm einen Brief nach Rom, und er brachte mir ein ganzes Heft mit Autogrammen von Bischöfen aus aller Welt mit. Die Kirche war ganz offensichtlich ein »global player«, auch wenn man es damals noch nicht so formuliert hätte! Ich war mächtig stolz auf diese Sammlung. Und frischen Wind konnte die Kirche gut vertragen. Er ließ nicht auf sich warten, es machte sich tatsächlich eine gewisse Aufbruchstimmung bemerkbar. In gewisser Hinsicht war die katholische Kirche durch das von 1962 bis 1965 dauernde Konzil sogar »Trendsetter« für den Aufbruchsgeist der 60er-Jahre; sie war schneller als die nachhinkende 68er-Bewegung! Oder sehe ich das völlig falsch?

Musik – mein Lebenselixier!

1962 wechselte unsere Klasse ins Internat St. Benedikt in Würzburg und besuchte dort das staatliche Riemenschneider-Gymnasium. Fünf Jahre lang hatte ich keine normale Schule mehr von innen gesehen. Zum ersten Mal saß ich wieder in einer gemischten Klasse mit drei Mädchen – spektakulär! Das Thema Mädchen blieb im Internat stets ein heikles, denn die soziale Kontrolle untereinander funktionierte vorzüglich. Aber nicht davon möchte ich an dieser Stelle erzählen, sondern von der Musik.

Leider muss ich gestehen, dass ich alle Musikinstrumente nur »gerade so« erlernte: erst Klavier, dann Gitarre, dann Banjo und schließlich Posaune. Schade – heute denke ich, da wäre bei etwas mehr Selbstdisziplin mehr drin gewesen. Vielleicht hätte ich sogar Musik studieren können. Aber als ich anfing, mir dies ernsthaft zu überlegen, konnte ich die verlorene Zeit nicht mehr aufholen. Doch eines konnte ich: eine kleine Jazzband gründen, mit Schülern der beiden nahezu benachbarten Internate. Wir nannten uns Swinging Church und später Santa Cruz.

In der evangelischen Johanniskirche ereignete sich nämlich etwas Sensationelles: Eine Jazzcombo spielte. In einer Kirche! »Negermusik« zur Ehre Gottes? Unerhört! Da musste ich hin. Natürlich outete ich mich sofort als Katholik, weil ich in der evangelischen Kirche eine Kniebeuge machte und mich auch noch bekreuzigte. Was aber viel wichtiger war: Ich war auf der Stelle infiziert. Dieser Gottesdienst mit Texten, Rhythmen und Arrangements, wie sie unserem Lebensgefühl entsprachen, zog mich total in seinen Bann. Ich war überzeugt: Das können wir in St. Benedikt und im Kilianeum auch.

Freundlicherweise stellte uns die Combo aus Nürnberg ihre Noten zur Verfügung. Das war unser Startkapital. Zwei junge Benediktinerfratres, die in Würzburg Theologie studierten, bildeten die Basis: Pater Pirmin und Frater Klaus spielten Klavier und Saxophon. Sie wurden unterstützt von Linus an der Trompete, unserem Posaunisten

Die Swinging Church anlässlich ihres Revivals 1969 beim Gottesdienst in der Abteikirche Münsterschwarzach in voller Besetzung mit (von rechts nach links) Schlagzeuger Elmar, dann Helmut, Leon, Gerhard († 2007), Hans, Thomas, Linus, Werner und mir im Habit (mit Banjo).

Lupo, Thomas an der Klarinette und Werner am Schlagzeug. Später wechselte die Besetzung: Klaus übernahm das Klavier, Leon und Hans das Saxophon, Gerhard die Posaune, Pit wurde unser Klarinettist und Elmar der Schlagzeuger. Ich spielte Gitarre oder Banjo. Alle nannten mich einfach »Boss«. Wie sie nur darauf kamen?

Kaum hatten wir in St. Benedikt, in der Abteikirche von Münsterschwarzach und in einigen Würzburger Pfarrkirchen bei Jugendgottesdiensten gespielt, ereilte uns das Verbot durch die Bistumsleitung. Doch wir fanden Mitstreiter, deren Wort Gewicht hatte:

den Chefredakteur des *Sonntagsblattes* und Franz Schmidl, den Leiter der theologischen Buchhandlung. Auch unser Religionslehrer Karl Heinrich unterstützte uns vorsichtig. Das Verbot, das für viel Aufregung gesorgt hatte, wurde zurückgenommen. Der frische Wind durfte in der Kirche wehen. Uns schweißte dieser Konflikt fest zusammen, und er ließ in uns die Einsicht reifen, dass sich Widerstand lohnt. Vor allem, wenn man bessere Argumente hat als: »Was ihr da macht, ist Gotteslästerung und stört unsere Andacht.« Wir erlebten: Kirche ist mitgestaltbar, nimmt uns ernst.

Die Weichen stellen für die Zukunft

Das Abitur rückte näher. Danach sollte mir die Welt offenstehen. Aber die vielen Möglichkeiten freuten und erschreckten mich gleichzeitig. Was wollte ich werden? Noch wusste ich auf diese Frage keine Antwort. Ich konnte nur Informationen sammeln, darüber nachdenken und mich mit meinen Freunden beraten. Doch letzten Endes, denke ich, war die letzte Weichenstellung damals wie heute eine ganz persönliche Angelegenheit; denn kein anderer hält den Kopf für mich hin, wenn alles ganz anders kommt als gedacht.

Vom Internat ins Kolpinghaus

Im letzten Jahr vor dem Abitur wurde es mir im Internat endgültig zu eng. Ich hatte einfach Angst, doch zum Mitläufer, zum Nachläufer zu werden. Hatte uns Pater Sales nicht genau

Feiern wurde bei uns stets groß geschrieben. Das Bild entstand in der Faschingszeit 1966 im »Orkus« von St. Benedikt (rechts bin ich).

davor gewarnt? Tief in mir fühlte ich, dass ich gar keine freie Entscheidung treffen konnte, wenn ich jetzt nicht die Notbremse zog und ausstieg. Dann würde ich so sicher wie das Amen in der Kirche in der Klausur der Benediktinerabtei Münsterschwarzach landen. Schließlich hofften viele Menschen aus meinem Umfeld, dass ich diesen Weg einschlagen würde: meine Eltern und Geschwister – eigentlich meine ganze Heimatgemeinde (»Endlich wieder ein Priester aus unserem Dorf!«) – und auch meine Lehrer und Erzieher. Was die Letztgenannten angeht, war mir allerdings klar, dass sie selbst unsicher geworden waren durch die Veränderungen, die in der Kirche vorgingen. Pater Herbert, Pater Ulrich und Pater Edmund verließen die Ordensgemeinschaft, um zu heiraten.

Am Ende bekam ich nach langer Überzeugungsarbeit von meinen Eltern grünes Licht, und ich durfte mir ein Zimmer im Kolpinghaus mieten. Meine Tante, Schwester Clodesinde, sorgte dafür, dass ich im Juliusspital, wo sie an der Pforte saß, mittags ein Freiessen bekam. Abends versorgte sie mich, oder ich beschaffte mir selbst, was ich brauchte. Der Aus- und Umzug ging ohne innere und äußere Brüche vonstatten. Wir hatten weiterhin unsere Band, und wir spielten zusammen, bis wir das Abitur in der Tasche hatten. Ich fühlte mich so frei wie noch nie zuvor.

Reif für das Reifezeugnis?

Meine Abiturnoten waren durchschnittlich. Aber ich hatte bestanden, und das machte mich richtig »high«. Die ganze Welt lag mir zu Füßen. Ich schwebte auf Wolke sieben und kam kaum mehr auf die Erde zurück. »Jetzt steht dir alles offen«, schoss er mir durch den Kopf. »Du bist jetzt potenzieller Student – weg ist der Notendruck.« Eine wichtige Etappe war geschafft. Im Juli überreichte mir Oberstudiendirektor Dr. Veh im Konzertsaal des Würzburger Konservatoriums, begleitet von starkem Applaus, das Reifezeugnis; denn inzwischen war ich an der Schule bekannt wie der sprichwörtliche bunte Hund. Außerdem hatten wir zuvor mit unserer Band Swinging Church den Abschlussgottesdienst in der Michaelskirche gestaltet; das Schlusslied war *Oh Happy Day* gewesen. Unsere Abiturrede hielt Gerhard Düchs, einer unserer Posaunisten; sie war mit zahlreichen Wilhelm-Busch-Zitaten gespickt – ein starkes Stück! Immerhin waren wir ein ehrwürdiges humanistisches Gymnasium. Die Rede geriet zu einer überzeugenden Parodie. Der 68er-Geist hatte uns verfrüht, aber unverkennbar erfasst. Leider hat vor einem Jahr eine schwere Krankheit Gerhard von unserer Seite gerissen.

Übrigens: In dieser Zeit lernte ich auch Gertrud, meine spätere Frau, kennen. Damals behauptete ich allerdings: »Du bist zu jung für mich!« Doch 1974 haben wir geheiratet.

Ein Bild von unserer standesamtlichen Hochzeit mit Gertrud (geb. Gräf) und mir am 11. Mai 1974. Typisch für damals: die »Beatle-Frisur«!

Volljährig auf Dauer, Soldat nur auf Zeit

Nach dem Abitur, im schwindelerregenden Gefühl der großen Freiheit, wusste ich erst recht nicht, was aus mir werden sollte. Deshalb arbeitete ich von Juli bis Ende September in einer Schweinfurter Fabrik und ging dann zur Bundeswehr. So jung die Entscheidung für einen Beruf zu treffen, ist schon sehr schwer.

»Warum hast du den Wehrdienst nicht verweigert?«, werde ich öfters gefragt. Das lag daran, dass ich an Ostern 1967 mit unserer Band und ein paar anderen nach Israel flog. Wir arbeiteten erst auf den Jaffa-Orangen-Plantagen eines Kibbuz an der jordanischen Grenze. Die anderen traten danach eine Rundreise durch Israel

Ein Blick in unsere Gruppenunterkunft während der Orangenernte im Kibbuz Nir Eliahu im März 1967. Komfort war nicht gefragt.

es zu einem Angriff kommt. Dann ist es natürlich notwendig, sich zu verteidigen. Heute habe ich weitere Lebenserfahrungen gesammelt und würde mich deshalb wie unsere Söhne Andi und David anders entscheiden.

Der Rest meiner Jugendzeit, die aus meiner Sicht mit dem Erreichen der Volljährigkeit und der Feier meines 21. Geburtstags auf dem Heidelberger Schloss endete, ist schnell erzählt. Ich wurde Soldat bei den Pionieren (für gewöhnlich werden diese als »dumm,

an. Ich nicht, denn im Kibbuz ereilte mich die Nachricht vom Tod meines Vaters. Tränenblind lief ich nach irgendwo. Er hatte mir noch gesagt: »Du fährst jetzt weg, und ich werde sterben, bis du kommst.« Und genau so war es nun gekommen. Vollkommen in meiner Trauer verloren, schreckte ich erst auf, als ein mit einem Maschinengewehr bewaffneter Kibbuznik mich mit seinem Traktor am Weitergehen hinderte. Jeder Schritt hätte mich näher an die jordanische Grenze gebracht und mich der Gefahr ausgesetzt, bei einem Angriff verletzt zu werden.

Kurzum: Dieser Israelbesuch, wenige Wochen vor dem Sechstagekrieg, hatte mich davon überzeugt, dass es nur zu schnell passieren kann, dass Feindseligkeiten durch Hetze und Propaganda so verstärkt werden, dass

Sechstagekrieg

Der Sechstagekrieg zwischen Israel einerseits und Ägypten, Jordanien und Syrien andererseits dauerte vom 5. bis 10. Juni 1967. In ihm entluden sich ein weiteres Mal die Spannungen, die sich im Nahen Osten seit der Gründung Israels 1948 aufgebaut hatten. Auslöser waren u. a. die Sperrung der Straße von Tiran für israelische Schiffe und der Aufmarsch arabischer Armeen an der israelischen Grenze. Um dem befürchteten Angriff der arabischen Staaten zuvorzukommen, die den Staat Israel alle nicht anerkannten, unternahm Israel einen Präventivschlag gegen ägyptische Luftwaffenstützpunkte. Ursprünglich wollte Israel eroberte Gebiete lediglich als Druckmittel bei Verhandlungen einsetzen. Am Ende des Krieges hatte Israel den Gazastreifen, die Sinai-Halbinsel, die Golanhöhen und das Westjordanland besetzt.

stark und wasserdicht« charakterisiert) in Speyer und München.

Die Arbeit in der Fabrik und die unbeeinflussbare Belegung der Mannschafts-Stuben in der Kaserne holten mich schnell von meiner Wolke herunter und trieben mir jegliches elitäre Bewusstsein aus. Ich begann zu begreifen, dass außerhalb des Gewächshauses eines Internats die Uhren anders ticken und das Leben draußen eine eigene, nicht immer harmonische Melodie spielt.

Eines Tages wollte ich unbedingt am Wochenende nach Hause fahren. Der Urlaub war schon vom Hauptmann genehmigt. Doch stattdessen wurde vom Standortkommandanten überraschend eine Abmarschübung angesetzt. Innerhalb von wenigen Stunden mussten alle marsch- und gefechtsbereit auf ihren Lastwagen sitzen; denn in der benachbarten Tschechoslowakei, in Prag, waren die Truppen des Warschauer Paktes einmarschiert, um den Prager Frühling niederzuschlagen. Wir mussten uns bereithalten. Uns befiel ein mehr als mulmiges Gefühl. Wird es jetzt ernst? Dann sind wir dran ...

Wir sind noch einmal davongekommen. *Uns* ist, im Gegensatz zu vielen anderen, nichts passiert. Gott sei Dank, kann ich nur sagen. Denn nicht nur für die Opfer des russischen Einmarschs in der Tschechoslowakei damals, sondern auch für heutige Bundeswehrsoldaten in Afghanistan oder anderswo ging und geht es tatsächlich um Leben und Tod.

Nachwirkung des Sechstagekrieges: Ich (rechts außen) entscheide mich für den Wehrdienst. Ein Bild vom Winter 1971 in Speyer.

Nachwort

Im Rückblick beginne ich dankbar das größte Geschenk, das wir zum 60. Geburtstag bekommen, zu verstehen: Wir sind die erste Generation, die in ihrer Heimat 60 Jahre lang friedvoll, ohne Krieg leben durfte. Das sollten wir ein ganzes Jahr lang feiern, einander gratulieren und diesen Frieden allen Völkern wünschen – von mir aus bis ans Ende der Welt.

Feiern Sie ausgiebig. Sie merken sehr bald: 60 werden tut gar nicht weh! Ich spreche da aus Erfahrung ...

Chronik

Verbindung untereinander soll die Wahrung des europäischen Erbes gewährleisten und den wirtschaftlichen und sozialen Fortschritt fördern.

3. Januar 1949
USA, Frankreich und England verlangen in der »Dreimächtenote« an die Sowjetunion die Rückführung deutscher Kriegsgefangener – mit wenig Erfolg.

29. Januar 1949
Anerkennung des 1948 gegründeten Staates Israel durch Großbritannien. Erster Ministerpräsident wird David Ben Gurion, erster Staatspräsident Chaim Weizmann.

4. April 1949
Der Nordatlantikpakt (NATO) wird geschlossen.

11. April 1949
Ende des letzten Nürnberger Kriegsverbrecherprozesses

16. April 1949
Die Luftbrücke (»Rosinenbomber«) nach Berlin erreicht mit dem Transport von 12 849 Tonnen Versorgungsgütern an einem Tag ihr Maximum.

17. April 1949
Die ersten sechs Mitglieder treten für immer der 1942 gegründeten ökumenischen Bruderschaft von Taizé bei.

5. Mai 1949
Gründung des Europarates. Die engere

10. Mai 1949
Der Parlamentarische Rat verabschiedet das Wahlgesetz für die Bundesrepublik. Bonn wird vorläufige Hauptstadt.

12. Mai 1949
Aufhebung der Berlin-Blockade durch die Sowjetunion

23. Mai 1949
Gründung der Bundesrepublik Deutschland (BRD) durch Verkünden des deutschen Grundgesetzes im Parlamentarischen Rat

14. August 1949
Die Wahlen zum ersten Deutschen Bundestag finden statt: Von 402 Mandaten – mit den acht Berliner Abgeordneten, die kein Stimmrecht haben, sind es 410 – erringt die Union 139, die SPD 131, die FDP 52. Die restlichen 80 Sitze gingen an sonstige Parteien und an fraktionslose Abgeordnete. Darunter: KPD (Kommunistische Partei) 15, BP (Bayernpartei) 17, WAV (Wirtschaftliche Aufbau-Vereinigung) 12, Zentrum 10, DRP (Deutsche Rechtspartei) 5, Fraktionslose 4.

28. August 1949
Gründung der Deutschen Akademie für Sprache und Dichtung

29. August 1949
Zündung der ersten sowjetischen
Atombombe

7. September 1949
Nach dem ersten Deutschen Bundes-
rat tritt der Deutsche Bundestag zusammen. Erich Köhler, Mitbegründer
der CDU, wird zum Bundestagspräsi-
denten gewählt. An diesem Tag erfolgt
auch die Gründung der Deutschen
Bundesbahn.

12. September 1949
Theodor Heuss wird erster Bundesprä-
sident. Der Gegenkandidat heißt Kurt
Schumacher (SPD).

15. September 1949
Der Deutsche Bundestag wählt Konrad Adenauer zum ersten Bundeskanzler.

20. September 1949
Bildung des Kabinetts aus CDU/CSU,
FDP und DP (Deutsche Partei)

21. September 1949
Inkrafttreten des Besatzungsstatuts,
das der BRD begrenzte Souveränität
verleiht. An die Stelle der Militärregie-
rung tritt eine zivile Alliierte Hohe
Kommission.

30. September 1949
Letzter Hilfsflug im Rahmen der Berliner Luftbrücke

1. Oktober 1949
Gründung der Volksrepublik China

7. Oktober 1949
Gründung der Deutschen Demokratischen Republik (DDR) durch Konstitu-
ierung des Zweiten Volksrates der
Sowjetischen Besatzungszone als Pro-
visorische Volkskammer. Sie setzt die
Verfassung der DDR in Kraft. Berlin
wird als Hauptstadt proklamiert. Die
Teilung Berlins und Deutschlands ist
damit besiegelt.

11. Oktober 1949
Wahl von Wilhelm Pieck zum ersten
und einzigen Staatspräsidenten der
DDR. Einen Tag später wird Otto Gro-
tewohl erster Ministerpräsident der
DDR und stellt sein Kabinett vor. Sein
Stellvertreter ist Walter Ulbricht.

12. Oktober 1949
Gründung des Deutschen Gewerk-
schaftsbundes in München

22. November 1949
Die Vereinbarung des Petersberger Ab-
kommens zwischen Konrad Adenauer
und den Alliierten sichert die Integra-
tion der BRD in die westliche Gemeinschaft. Die BRD tritt dem Europarat
bei, kann nun konsularische und Han-
delsbeziehungen zu anderen Staaten
aufnehmen und darf über die Mittel
des Marshallplanes mitbestimmen.
Die Demontage der Industrieanlagen
wird weitgehend eingestellt.

23./24. November 1949
Vorläufige Ablehnung einer nationalen Wiederbewaffnung Deutschlands
im Deutschen Bundestag

Über dieses Buch

Der Autor

Norbert Weidinger trotzte als Landkind dem Bildungsnotstand der späten 50er und 60er Jahre und studierte nach dem Abitur Theologie und Erziehungswissenschaften in Salzburg und Würzburg. Nach erfolgreichem Abschluss mit Diplom bzw. Lehramtsprüfung arbeitete Norbert Weidinger als Referent im Jugendhaus Düsseldorf und beim Deutschen Katecheten-Verein in München, ehe er seine Studien fortsetzte und mit dem Dr. theol. beendete. 1989 wurde er wissenschaftlicher Referent im Religionspädagogischen Zentrum in Bayern (RPZ), das er seit 2003 leitet.

Bildnachweis

dpa picture-alliance: 5 oben links (dpa), 5 oben rechts (Kurt Rohwedder), 5 unten links (ansa), 5 unten rechts (akg-images), 6 (dpa), 7 (akg-images), 8 (Kurt Rohwedder), 10 (Consolidated Robert Knudsen), 11 (91000), 12 (akg-images), 15 (Georg Goebel), 16 (UPI), 17 (akg-images), 19 (CTK), 21 (DB UPI), 22 (N. N.), 23 (Pascal Deloche/GODONG), 25 (ansa), 26 (91020), 27 (Rauchwetter), 28 (EFE/Alberto Martín), 29 oben, 29 unten (Keystone USA b18), 30 (DB), 31, 32 (Sven Simon)
Privatbesitz des Autors: 9, 33 alle, 34, 36, 37, 38, 39, 41, 42, 43, 45, 46, 47 beide, 48, 49, 50, 51, 53, 54, 55, 57, 58, 59, 60, 61 beide

Textnachweis

Der Kasten auf Seite 20 enthält ein Zitat aus: Stephan Trinius: Die sexuelle Revolution. Interview mit Martin Goldstein. http://www.bpb.de/popup/popup_druckversion.html?guid=7RVDTN&page=1. Stand 7. Oktober 2008

Impressum

Es ist nicht gestattet, Abbildungen und Texte dieses Buches zu digitalisieren, auf digitale Medien zu speichern oder einzeln oder zusammen mit anderen Bildvorlagen/ Texten zu manipulieren, es sei denn mit schriftlicher Genehmigung des Verlages.

Weltbild Buchverlag
–Originalausgaben–
© 2009 Verlagsgruppe Weltbild GmbH, Steinerne Furt, 86167 Augsburg
2. Auflage 2009
Alle Rechte vorbehalten

Projektleitung: Gerald Fiebig
Redaktion: Carmen Dollhäubl
Umschlaggestaltung: GROW COMMUNICATIONS Agentur für Werbung und Gestaltung, Augsburg
Umschlagfotos: dpa picture-alliance/Dodenhoff (oben links), dpa picture-alliance/dpa (unten links), dpa picture-alliance/Georg Brock (unten rechts), Privatbesitz des Autors (oben rechts)
Innenlayout und Satz: Sabine Müller
Reproduktion: Point of Media GmbH, Augsburg
Druck und Bindung: Firmengruppe APPL, aprinta druck, Wemding

Gedruckt auf chlorfrei gebleichtem Papier

Printed in the EU

ISBN 978-3-86800-063-4

Rosinenbombe
Gründungsfie
r und dazwisch
n wir · Bildung
auf Sparflamm-
– und es geht d
ch · Studenten
evolte, Flower-
ower – waren's
irklich wir? · V
n der Kirche in
Dorf zum Dialo
der Religionen
Klassische und

Rosinenbombe
er und dazwisc
auf Sparflamm
och · Studente
Power – waren
Von der Kirche
log der Religion
nd nichtklassis
ach dem Spiel i
Das Jahr '49 im
leckerlteppich
nerungen · Erst
weite Welt · Di
n für die Zuku